This Book Offers Free Bonus Puzzles
Available Here:

BestActivityBooks.com/WSBONUS20

5 TIPS TO START!

1) HOW TO SOLVE

The Puzzles are in a Classic Format:

- Words are hidden without breaks (no spaces, dashes, ...)
- Orientation: Forward & Backward, Up & Down or in Diagonal (can be in both directions)
- Words can overlap or cross each other

2) LEVEL UP THE GAME!

A space is provided next to each word to write new ones, translations or notes. We also offer a convenient **NOTEBOOK** at the end of this edition. It can help you organize your annotations, new words and/or observations.

3) TAG YOUR WORDS

Have you tried using a tag system? For example, you could mark the words which have been difficult to find with a cross, the ones you loved with a star, new words with a triangle, rare words with a diamond and so on...

4) EASY TO CUT!

The Puzzles come with an Extra Large margin to easily cut the page out of the book. Some people may feel it more convenient to solve them this way.

5) FINISHED?

Go to the bonus section: **MONSTER CHALLENGE** to find a free game offered at the end of this edition!

Want **more fun** and activities to **relax? It's Fast and Simple!** An entire Game Book Collection **just one click away!**

Find your next challenge at:

BestActivityBooks.com/MyNextWordSearch

Ready, Set... Go!

Did you know there are around 7,000 different languages in the world? Words are precious.

We love languages and have been working hard to make the highest quality books for you. Our ingredients?

One part easy-to-read print, three parts entertainment, then we add some challenging words and a pinch of rare ones. We brew them with care to serve you lots of fun and an opportunity to solve the best puzzles.

Your feedback is essential. You can be an active participant in the success of this book by leaving us a review. Tell us what you liked most in this edition!

Here is a short link which will take you to your Amazon orders review page.

BestBooksActivity.com/Review50

Thanks for your fidelity and enjoy the Game!

Delta Classics Team

Puzzle 1

ग	द	प	म	आ	प	ं	्	़	प	ह	र	र	र	अ
ल	ा	ल	ी	भ	थ	र	ह	्	र	च	ा	ि	व	ं
ल	ी	म	ू	ा	म	स	र	र	ि	य	त	ी	ण	त
ि	ा	न	ब	स	ा	य	प	ा	ण	ा	्	न	्	र
ह	म	स	त	ी	र	े	ट	ब	ा	न	ा	ज	ा	ि
स	े	प	े	र	भ	ल	द	ा	म	आ	म	ा	ु	क
व	्	ह	े	ल	ी	ग	उ	ब	ा	ष	ा	ू	प	्
स	ह	र	अ	ा	ं	ो	ध	्	अ	ब	त	च	ध	ष
ह	न	ह	ो	ि	ग	ू	ब	ु	ि	न	ट	ब	त	ा
ी	ं	उ	क	य	ा	भ	द	ग	ह	ं	ु	प	स	ि
ा	क	े	ि	ा	र	ब	प	ग	द	र	ा	र	्	त
म	ब	थ	ख	ा	्	ह	म	्	प	य	ा	स	ो	क
च	ि	े	ब	ढ	ु	न	्	त	द	त	ग	क	द	ध
्	द	े	थ	ा	म	भ	ा	ग	ी	द	ा	र	द	ै

व्हेल
मुर्गा
अंतरिक्ष
विचार
आभासी
गुब्बारा
अनुरोध
बहन
देखा
परिणाम

मात्रा
बेकिंग
बटेर
दोस्त
सही
हिल
भूगोल
मामूली
भागीदार
गंभीर

Puzzle 2

ह	◌ि	◌ी	ट	◌ु	क	ड	◌़	◌ा	◌ी	क	◌ा	न	उ	ख
◌ा	◌ी	म	व	क	◌्	र	आ	◌ी	◌ि	◌्	◌ा	स	छ	◌ि
थ	झ	ध	य	म	◌ी	◌ा	त	ह	र	य	◌ा	◌्	ग	ड
व	र	र	म	◌ा	प	न	◌े	◌्	र	च	झ	◌्	म	◌़
म	◌ौ	ल	◌ि	क	◌े	◌ी	त	स	◌ो	फ	व	◌ू	◌ि	क
ग	ख	र	ड	◌े	आ	◌ि	ट	◌ा	ख	◌ौ	◌ु	म	श	◌ी
स	◌्	न	◌े	ह	र	र	◌ा	म	◌्	र	श	ढ	◌्	स
◌ु	◌्	क	स	च	ध	◌्	र	◌ा	क	ट	झ	◌ि	र	◌्
ब	◌े	◌ी	◌्	◌ि	◌ा	र	◌ु	न	◌्	र	क	य	ण	व
क	य	◌े	त	◌्	र	◌्	प	◌्	प	त	◌ं	◌ि	◌ि	त
ल	◌े	◌ो	क	आ	ह	◌्	म	य	◌ा	ख	◌ा	◌ि	स	◌ं
ट	ओ	◌ं	त	◌ा	क	य	◌्	श	व	आ	त	प	फ	त
◌ा	◌े	द	◌ा	ल	च	◌ी	न	◌ी	क	◌्	न	न	ल	◌्
फ	◌ु	ऊ	◌्	झ	◌ो	◌ं	क	◌ा	◌ं	◌ि	प	ह	◌े	र

स्नेह
झोंका
स्वतंत्र
सिखाया
ग्यारह
केक
मुखौटा
मापने
दालचीनी
प्रत्येक
शर्म
खिड़की
टुकड़ा
फेंक
मौलिक
झटका
सामान्य
आवश्यकताओं
चरित्र
मिश्रण

Puzzle 3

ट	◌ा	स	◌्	ज	◌ि	क	न	प	स	◌्	च	प	स	व
श	◌े	र	◌ा	◌ा	त	झ	◌ं	◌ा	◌्	य	◌ि	श	ब	◌ि
◌ो	आ	अ	◌़	र	य	◌ा	क	क	◌े	य	◌ं	◌्	क	श
ज	ट	◌ू	ध	द	◌्	◌ि	स	◌ो	◌ा	◌ू	त	च	त	◌्
क	◌्	श	ध	◌े	◌ौ	व	न	◌ि	न	ल	◌ा	◌ि	र	ल
ट	ल	आ	ख	ख	◌े	क	ज	◌ं	ह	व	उ	म	◌ि	◌े
◌ॅ	◌ा	◌ा	प	क	◌्	ठ	◌ु	न	व	◌ा	द	◌ा	प	ष
श	ह	ल	क	क	न	◌ो	प	ध	◌ि	च	◌्	र	◌ो	ण
आ	ड	◌़	◌ू	◌ा	ख	र	घ	ब	र	क	द	E	र	◌ा
ब	◌ा	न	द	क	र	व	ट	◌ं	प	◌्	◌े	◌ि	◌्	◌ा
क	◌्	ष	◌े	त	◌्	र	◌ि	र	◌ॅ	ह	श	◌ु	ट	◌ा
◌े	आ	थ	य	आ	ल	ट	त	◌्	◌ौ	न	◌्	◌ा	◌ा	च
क	प	ख	न	म	र	◌ौ	र	प	व	द	य	◌ि	द	ल
◌ा	ल	◌ा	◌ा	न	◌ा	म	◌ु	◌े	◌ॅ	ल	च	ख	ट	य

चावल
विश्लेषण
खेद
कलाकार
क्षेत्र
दराज
कठोर
चिंता
पश्चिम
कंकाल

उद्देश्य
आड़
सार्वजनिक
रिपोर्ट
घटित
सिद्ध
कायर
सबक
प्रबंधन
परिवहन

Puzzle 4

स	◌ं	◌ं	ग	ल	◌ा	न	श	न	स	र	◌ो	म	◌ि	ज
ट	प	र	◌ं	◌ु	◌्	ह	य	ण	◌ा	ब	र	◌ा	न	◌ि
◌ी	र	द	◌ि	◌े	क	◌ा	◌ो	म	ग	◌े	◌ं	द	ज	म
क	◌ा	◌ा	त	र	ड	ल	◌ी	र	त	◌्	◌ू	स	◌ा	◌्
प	◌े	ज	ग	फ	क	ब	◌ं	◌्	◌ा	त	◌ू	◌े	य	म
प	र	◌ि	व	र	◌्	त	न	क	◌ी	◌ा	◌ु	क	फ	◌े
श	ट	क	स	◌ं	◌ा	म	ल	आ	ज	र	◌ो	म	ल	द
◌ा	◌े	द	◌ो	◌ा	व	◌ि	स	◌्	थ	◌ा	प	◌ि	त	◌ा
र	ल	म	◌ै	◌ं	थ	ज	प	◌ु	र	◌ा	न	◌े	क	र
◌ी	◌ी	त	ल	अ	ग	◌्	न	◌ि	श	◌ा	म	क	प	◌ी
र	फ	र	◌ी	र	क	ग	◌े	च	ट	ड	◌ा	द	ध	◌ि
◌ि	◌ो	◌ि	अ	र	म	◌ो	ट	र	स	◌ा	इ	क	◌ि	ल
क	न	◌ि	◌ू	◌े	व	◌्	न	छ	◌ी	ई	◌्	◌ं	क	च
र	◌ो	◌ं	न	अ	◌ा	न	च	त	◌्	य	र	प	ट	◌ं

लैसो
मांस
बीमार
अग्निशामक
जिम्मेदारी
डायन
सटीक
विस्थापित
शारीरिक
परिवर्तन
मोटरसाइकिल
पुराने
पेंज
टेलीफोन
गेंद
जायफल
साथ
जीता
आक्रमण
सूत्र

Puzzle 5

स	क	◌्	ष	म	श	◌ि	प	ग	आ	व	◌ि	र	र	त
य	र	र	क	◌ी	उ	न	◌ा	◌ि	क	द	ह	ब	म	म
◌ो	ज	◌ा	◌्	ब	क	व	ख	व	ध	◌ं	◌ा	◌्	◌ं	र
◌ी	◌ि	◌ि	य	त	◌ा	ड	◌़	◌ा	◌ा	ख	अ	य	◌्	क
क	न	ण	◌्	र	व	न	ल	ह	◌ी	◌्	व	ल	स	ज
◌्	द	र	ध	स	◌ा	त	ट	न	म	◌ु	त	ट	ट	◌े
◌्	◌ा	◌ै	अ	क	प	प	◌ा	भ	क	◌ा	क	◌्	◌ं	म
ध	◌्	◌्	◌ा	च	◌ी	◌्	र	प	ब	र	ह	◌े	ग	◌ी
व	स	ल	◌ि	◌े	प	ल	ड	र	न	◌ा	च	◌ो	ल	आ
भ	ड	त	न	◌ा	च	◌ु	त	य	ज	क	◌ी	◌ि	◌ी	प
ह	न	त	◌ा	◌्	र	◌ि	ल	ट	◌्	ल	उ	◌्	ग	उ
◌ा	अ	ट	◌ो	द	◌ु	व	च	◌ि	ज	ट	र	र	◌ं	◌ं
ब	न	◌ा	न	◌े	र	◌ो	ब	◌़	स	व	स	◌ि	ज	र
श	◌ू	ट	◌ि	◌ं	ग	◌ा	◌्	फ	◌ि	◌ि	क	◌ा	त	क

- व्हील
- शूटिंग
- वर्णन
- पर्ची
- जंगली
- सक्षम
- कमी
- सज्जन
- बोतल
- विलुप्त
- कब्जा
- आलोचना
- बनाने
- पुलिस
- भाप
- रहेगी
- फ़िट
- अखाड़ा
- अध्यक्ष
- पतला

Puzzle 6

प	◌े	र	◌ा	◌ो	ष	◌ा	ल	ब	उ	◌े	न	भ	◌ा	क
द	◌ा	य	◌ा	◌्	ज	ल	◌े	◌ॉ	क	ल	ग	व	व	अ
त	र	र	व	◌ा	ध	◌ु	ब	◌ा	◌ि	◌ो	ढ	स	व	श
च	ड	य	◌्	क	◌ु	द	◌ा	ल	◌ि	ग	◌्	भ	त	E
ज	◌़	अ	य	ट	ल	◌्	◌े	ब	◌ा	छ	प	ल	न	त
◌ी	◌ी	स	त	◌ि	◌ि	◌्	ल	ल	च	च	◌ो	द	प	◌े
◌्	◌ा	त	व	त	ल	क	स	◌ा	श	ह	◌ा	ट	◌े	त
द	ख	ब	◌ी	ट	म	ड	ल	उ	◌ा	य	न	र	◌े	ग
◌्	◌ा	म	थ	ज	◌ा	र	◌ा	प	प	◌ि	◌ा	र	र	◌्
द	य	◌ि	◌्	त	अ	ल	क	य	◌ू	क	◌ै	◌ौ	र	व
श	◌्	र	◌ृ	◌ं	ख	ल	◌ा	◌ो	र	◌ौ	म	◌े	र	◌ा
ख	य	◌ा	प	क	श	◌्	न	ग	◌्	न	न	◌ा	इ	◌ी
व	द	◌ि	न	◌ा	च	र	◌ं	स	ण	◌्	◌्	न	◌ॅ	र
क	◌ा	र	◌्	य	◌ा	ल	य	ज	व	◌्	◌ा	◌ा	स	◌्

खाड़ी
कार्यालय
संरचना
पृथ्वी
कॉलेज
बुधवार
मेरा
कौन
जीत
बेल्ट
कुदाल
ज्यादा
दिन
छोटे
लोग
शासक
श्रृंखला
पूर्ण
उपयोग
पार्टिकल

Puzzle 7

◌ि	A	◌ं	◌़	ड	स	न	◌ी	म	इ	स	क	◌ी	◌ि	प
ग	ग	ज	आ	ष	स	◌ौ	प	◌्	म	◌ा	त	क	र	ज
थ	◌ा	ह	◌्	◌ी	न	क	प	◌ा	य	प	श	◌ी	र	ख
ब	य	क	ह	व	◌ा	र	प	◌ा	ल	क	त	प	◌ा	◌ी
ज	◌ा	◌ा	व	र	द	◌ी	स	ह	न	न	◌े	स	◌े	◌ा
र	◌ा	र	ठ	प	क	म	◌ा	◌ा	◌ी	◌ी	◌े	य	त	◌ी
न	त	र	◌ू	र	ज	◌ि	आ	श	◌्	च	र	◌्	य	ल
क	ब	◌ी	झ	◌्	म	◌ि	◌ि	च	त	◌ी	द	स	द	◌ा
ए	◌ी	म	◌ू	र	◌्	ख	स	स	प	थ	◌्	ल	◌्	र
ड	क	म	◌ा	क	ल	◌्	द	◌्	आ	क	◌ं	श	◌ा	◌ि
◌ं	A	ट	त	◌ा	न	◌ा	म	त	ध	◌्	◌े	◌ी	ख	र
छ	◌ा	र	स	◌ृ	क	◌्	र	म	◌ृ	त	क	र	य	ल
स	ब	श	औ	ट	ल	ट	◌ि	◌्	ट	श	च	◌ं	म	◌्
ल	न	त	य	द	घ	च	र	भ	प	ब	◌ा	◌ि	म	य

खाद्य
बाज़
केंद्र
औसत
मूर्ख
इसकी
मानता
राक्षस
झूठ
कपास
लापरवाह
बताया
पत्नी
स्तम्भ
जरूरत
कीमत
हाथ
आश्चर्य
दरवाजा
नौकरी

Puzzle 8

भ	ट	र	◌ं	ड	स	क	ट	◌ो	र	◌ा	न	प	च	उ
◌ी	व	प	◌े	ट	◌्	र	◌ो	ल	अ	◌ा	स	ह	ग	म
आ	◌ा	◌्	त	न	◌ा	त	आ	◌ू	◌ो	द	त	न	◌ु	◌्
न	य	र	य	न	ह	◌ी	न	◌े	ल	◌ा	ड	◌ा	फ	र
स	म	स	◌्	य	◌ा	भ	◌ी	◌ि	थ	◌ा	◌्	ड	◌ा	फ
स	◌ं	ध	◌ि	म	◌ी	व	◌ा	◌्	स	र	न	◌ं	ज	ग
प	र	ज	व	स	न	ज	र	◌ू	स	इ	ढ	स	◌्	द
न	द	ई	ष	र	◌्	थ	◌ा	र	व	न	स	◌्	ट	◌ी
अ	◌ा	ण	य	स	◌ै	उ	व	◌ि	आ	न	◌ि	त	◌ं	◌े
◌्	◌़	◌ि	इ	◌े	य	◌ी	अ	◌ु	म	ध	ट	◌ं	◌़	◌ं
य	◌ी	ज	ल	र	◌े	ग	ह	ज	◌ि	ग	स	भ	अ	◌ा
न	◌ु	प	त	य	◌े	क	◌ा	न	ग	◌ो	त	◌ा	र	◌ा
न	◌ु	न	◌ा	द	उ	उ	श	◌ा	ल	र	ह	ट	र	आ
प	◌े	व	त	र	ट	व	◌े	◌्	स	◌ु	अ	र	र	◌्

उम्र
लोअर
पेट्रोल
पहना
डालने
निधि
कटोरा
भव्य
स्वामी
गुफा
भीतर
सुअर
इरादा
सूरज
स्वेटर
संधि
समस्या
स्तंभ
अजगर
रानी

Puzzle 9

श	प	प	◌ु	स	◌्	त	क	◌ा	ल	य	◌ु	स	◌ै	ज
ज	य	◌्	य	प	◌्	र	◌ो	फ	◌े	स	र	म	म	◌्
आ	◌े	न	र	◌ौ	द	न	◌्	प	स	◌्	व	◌ा	य	त
र	ब	◌ि	◌ि	स	स	ख	ब	र	ल	◌ो	श	य	ह	क
क	च	द	प	ज	◌्	◌ो	ह	◌्	न	ल	न	◌ो	र	◌ा
◌्	◌्	◌े	◌्	र	ल	त	र	न	प	◌ि	त	ज	स	न
ष	च	श	क	त	◌ा	घ	◌ु	ल	ल	ढ	न	◌ि	न	◌ू
◌ि	◌ो	क	◌ो	◌ा	◌े	◌ी	त	त	क	◌े	◌्	त	श	न
त	◌ं	प	ल	◌ं	र	इ	◌ू	स	न	◌ो	◌ी	न	क	◌ी
स	◌ं	स	◌्	क	◌ृ	त	◌ि	न	द	◌ा	क	◌ा	◌ा	◌ि
म	ल	प	ह	आ	व	◌ि	ह	◌्	ठ	म	र	व	र	र
ग	◌ि	◌्	◌ु	ल	◌ी	प	छ	◌्	न	र	य	◌ा	◌्	ल
श	◌ु	क	◌्	र	व	◌ा	र	◌ु	र	◌ं	ग	◌ी	प	म
भ	◌ा	ग	◌ा	म	र	◌ु	म	◌ौ	ज	◌़	◌ा	द	य	व

कानूनी
घातक
शुक्रवार
पुस्तकालय
प्रस्तुत
लोकप्रिय
खबर
बच्चों
प्रकाशन
दीवाना

पढ़ना
मौज़ा
निदेशक
दौर
भाग
पहनने
संस्कृति
समायोजित
प्रोफेसर
आरक्षित

Puzzle 10

झ	श	ज	प	◌ा	ह	◌ी	◌ा	त	◌ो	च	◌ी	र	ज	प
◌ा	◌ि	ह	म	त	ल	ख	◌ु	क	◌ा	र	त	◌्	◌ा	प
र	क	प	ल	◌ै	ब	◌ा	ज	◌ा	र	ण	उ	प	◌ा	य
म	◌ा	र	श	छ	र	◌ा	◌ि	ल	र	क	◌्	र	◌ी	म
◌ू	र	◌े	◌ि	व	◌ा	श	◌ि	◌ा	क	ज	भ	◌े	◌ा	न
ल	◌ा	र	त	ह	त	श	◌्	◌ु	म	◌ो	◌ा	स	◌ू	प
◌्	म	व	त	र	◌ा	◌ा	◌ि	म	त	त	ज	र	स	क
य	भ	◌ी	त	◌ा	ज	व	ट	◌ो	◌्	स	क	◌े	◌े	◌ा
◌ा	◌ी	स	◌ु	◌ं	द	र	य	◌ो	ब	अ	◌ि	फ	◌ा	म
◌ि	ड	ज	त	◌ि	च	◌ु	E	◌ा	ग	◌ं	स	क	◌ि	◌े
क	◌़	◌ा	क	◌ं	क	र	य	◌ा	◌्	◌ं	त	स	ज	र
क	◌ा	र	ग	◌्	◌ो	न	न	स	स	व	◌्	◌ू	र	◌ं
स	क	◌े	◌े	◌्	भ	◌ा	ल	◌ू	◌्	◌ा	य	◌्	◌्	व
◌ा	◌ु	◌्	र	ष	क	व	◌ा	◌ु	त	व	प	उ	त	र

सुंदर
शिकार
सत्य
मूल्य
व्यावहारिक
चरण
मुलाकात
भाजक
रात
भालू
भीड़
शाखा
किया
सूप
शैली
पात्र
स्टोव
क्रीम
बाजार
उपाय

Puzzle 11

ब	◌्	ल	◌ी	◌े	◌े	ब	◌ि	ज	ल	◌ी	◌ा	ष	◌ा	ब
ध	प	ख	◌ं	ल	य	◌ा	क	र	क	ग	◌ो	◌ु	ए	◌ा
◌ा	◌ं	म	म	◌्	न	ज	◌्	य	र	ट	प	◌ि	◌ी	स
ई	ब	◌ा	◌ो	◌ो	◌ि	◌ू	व	◌ृ	◌ं	स	ह	प	◌ं	◌्
व	म	र	स	ज	र	◌ो	फ	र	व	◌ा	◌ि	न	श	क
स	◌ं	म	ड	◌़	◌े	प	◌ै	र	च	◌ा	ल	च	◌ा	◌े
◌ि	न	क	◌ि	प	◌ू	◌ा	स	◌ं	ज	◌्	ञ	◌ा	न	ट
च	◌ी	न	प	◌्	प	◌ॅ	◌ा	न	उ	र	म	◌ी	◌ा	क
◌ी	त	घ	◌ा	र	◌ा	य	म	ज	◌ा	क	◌ा	र	र	◌ी
ख	प	◌ु	ल	◌ि	स	क	र	◌्	म	◌ी	न	ज	◌ं	ट
अ	ल	◌्	प	स	◌ं	ख	◌्	य	क	◌ी	क	प	ग	◌ॉ
◌ा	◌्	◌ो	उ	◌ं	उ	ड	ह	आ	◌ा	◌ी	अ	◌ु	◌ी	◌ा
◌्	आ	◌ि	◌ी	ट	स	◌ि	व	ल	◌ि	व	य	◌ी	त	व
◌्	◌ा	◌ि	व	स	न	◌े	◌ा	◌ॅ	स	ल	न	◌ा	य	ह

शनिवार
मानक
कीट
मोजे
पूरे
चीख
बिजली
मामले
पेड़
कमरा
अल्पसंख्यक
मजाक
जन्म
बास्केट
पुलिसकर्मी
चाहिए
हवा
बधाई
नारंगी
संज्ञा

Puzzle 12

क	ह	च	न	◌े	त	क	ध	◌्	ल	◌ं	◌्	त	A	ब
ब	आ	ट	ष	स	◌ि	◌ं	द	आ	य	◌ा	◌ी	क	न	स
ग	◌ा	ज	र	ष	र	अ	त	श	◌्	र	◌े	ण	◌ी	◌्
◌ा	ब	त	◌्	त	◌ा	◌्	◌ा	◌्	◌ि	य	र	◌ि	क	त
◌्	S	क	◌ी	श	प	त	र	ऊ	र	◌े	त	श	ल	◌ा
ग	◌ै	◌्	श	र	◌ा	ल	◌्	आ	◌ु	श	◌े	य	◌ा	◌ी
श	प	प	म	त	ड	न	म	क	◌्	र	◌ै	श	ब	व
झ	◌ी	ल	◌े	◌्	◌ा	◌े	न	आ	य	◌्	ल	स	क	◌े
आ	◌ो	◌ा	◌ा	र	क	◌ा	◌ौ	म	◌ा	र	◌ा	क	क	ह
◌ा	ट	च	◌ि	◌ु	◌ि	◌़	म	श	श	त	य	◌ा	च	प
◌े	◌्	स	◌्	ट	य	ढ	◌्	र	◌ि	◌्	◌ा	स	क	◌ौ
त	◌ा	◌ु	फ	◌ि	◌ा	ब	च	◌्	◌े	◌ी	◌ु	ग	◌ॉ	◌ि
◌्	क	◌्	च	◌ि	◌्	छ	प	L	ण	◌ि	म	द	झ	◌ृ
उ	स	र	प	ग	स	◌ा	उ	य	श	◌ी	न	स	◌ा	न

आने
आया
नम्रता
दुश्मन
तंत्र
शीर्ष
श्रेणी
शैक्षिक
झील
डाकिया
टोपी
बालकनी
त्रुटि
मौन
गाजर
बढ़ाने
शेयर
बस्ता
लाया
क्रैश

Puzzle 13

व	ल	ए	W	क	ो	स	क	्	ॉ	ब	व	ध	ह	अ
ब	ा	द	ल	ि	द	ज	ा	्	न	प	ि	र	ॉ	स
ढ	ी	र	े	श	स	़	ग	े	य	ु	त	ा	ल	फ
स	प	य	ब	ण	ु	ा	म	र	प	ू	्	ज	ी	ल
ि	म	ा	न	ा	र	्	थ	ा	व	र	त	ह	े	ब
ा	ण	श	ृ	्	प	ु	्	ल	भ	फ	ी	ल	ो	़
व	न	ि	स	क	्	न	ि	ब	ू	ट	य	ी	प	ा
र	न	ो	क	प	य	त	ह	म	ख	ा	ज	ा	ट	ब
त	ं	ह	र	ा	स	म	त	ि	र	्	ू	प	आ	ल
्	र	ा	ल	ा	ी	च	ल	्	ब	स	ई	म	ी	्
्	क	आ	व	न	म	्	ु	स	क	व	ु	ि	्	़
ा	ध	ड	र	ल	ा	ा	र	े	फ	ष	र	ि	ा	े
म	न	ी	ख	क	ॉ	फ	ी	्	र	अ	च	ठ	प	स
य	स	ज	ृ	क	न	क	ल	ल	ि	र	त	े	ि	े

परमाणु
सज़ा
बादल
वित्तीय
पीला
असफल
बेहतर
दिल
सब्जी
भूख
मीन
लचीला
वास
मानार्थ
हॉल
बॉक्स
होशियार
आपूर्ति
कॉफी
स्टाफ

Puzzle 14

ज	म	य	ग	◌ा	य	च	न	ग	त	◌ि	◌्	◌ा	स	◌ा
न	म	ह	त	◌ं	ल	◌ं	ह	◌ा	◌ौ	म	द	◌ा	च	ट
◌ा	क	◌ा	म	आ	र	◌ा	म	ढ	ल	◌ो	ण	◌्	ल	म
ए	ज	◌े	◌ं	ट	◌ि	प	ल	◌़	◌ि	◌ी	र	श	र	◌ा
न	ड	◌ि	उ	न	स	र	आ	◌ा	य	च	ध	◌ा	◌ो	◌ा
◌ा	◌ो	◌ा	र	व	न	औ	र	त	◌ा	ई	◌ा	त	ब	व
◌ि	◌े	अ	च	क	E	व	ल	द	◌े	र	◌ा	न	ट	घ
अ	भ	◌ि	न	◌े	त	◌ा	ब	ह	◌ु	त	स	आ	स	उ
य	◌े	ध	म	न	व	य	अ	फ	च	◌्	◌ी	म	◌्	ह
प	◌ा	छ	◌ा	स	◌ि	व	◌ा	य	◌ं	त	क	◌ं	न	र
◌े	◌ा	◌े	◌ा	◌ा	र	ल	द	◌ी	◌ी	उ	◌्	त	◌ा	A
स	◌े	र	स	◌ा	क	न	◌़	र	क	◌ा	◌ै	◌्	न	न
◌ं	◌ो	ट	◌ा	◌ं	◌ं	न	◌ा	◌ो	त	व	ट	र	ल	प
ल	क	न	त	ब	◌ा	र	क	◌्	च	◌े	L	ण	◌ु	झ

स्नान
हानि
बहुत
गाढ़ा
आमंत्रण
औरत
पांच
सामान
साधारण
तौलिया

एजेंट
उत्तर
अभिनेता
घटना
लाल
आराम
चर्च
बताई
सिवाय
टैक्सी

Puzzle 15

◌ि	◌े	य	ल	स	◌ो	◌्	◌ै	स	◌्	थ	◌ा	न	◌ी	य
द	◌ा	द	◌ी	त	◌ं	र	ध	व	◌ि	स	◌्	त	◌ा	र
म	◌्	◌ा	◌ो	न	श	व	◌ा	क	प	◌ा	◌ं	◌ं	प	◌्
◌ि	ट	ल	◌े	◌्	प	◌्	◌ा	न	च	म	◌्	म	च	न
ठ	ग	◌्	र	◌ो	श	◌ी	न	द	र	न	न	न	द	◌ी
◌ा	र	प	प	◌्	र	त	◌ि	न	◌ि	ध	◌ि	त	◌्	व
इ	◌्	ज	प	◌ा	ब	◌ि	र	◌ा	ठ	उ	◌ी	य	ग	त
स	स	◌ि	◌ी	थ	त	र	◌े	म	ग	य	ह	न	◌ो	◌ा
◌ि	प	◌ि	◌ि	◌्	ह	ड	ड	◌ा	◌ा	ट	व	र	भ	◌े
प	ब	श	त	ग	म	न	◌ि	ग	ढ	य	र	ट	◌ी	च
न	द	प	ड	ट	म	◌ो	य	अ	न	ध	◌ि	क	◌ृ	त
◌्	◌ं	स	◌ु	◌ा	ग	◌ी	◌ो	य	प	उ	ब	◌्	य	ग
स	प	ब	◌ं	ट	अ	ड	ह	त	◌्	स	श	◌ॉ	श	◌ु
◌ि	◌ं	इ	क	त	◌्	◌़	र	ब	छ	क	ज	ड	◌ा	ध

उठा
संपत्ति
संवाद
रेडियो
दादी
अनधिकृत
मान
मिठाई
उपयोगी
थीसिस

विस्तार
डॉक्टर
शोर
चम्मच
प्रतिनिधित्व
गोभी
चेतावनी
स्पर्श
प्लेट
स्थानीय

Puzzle 16

ब	क	न	◌े	त	क	ध	द	श	◌ि	इ	य	ड	श	प
र	र	इ	◌ृ	प	◌ं	अ	◌ु	त	स	◌ु	थ	र	◌ा	◌ू
द	◌े	◌ा	ढ	◌ी	प	ण	ध	ल	र	◌े	त	र	त	◌े
◌ा	◌्	व	ब	थ	◌्	◌्	य	◌ि	◌ा	◌ा	◌्	स	ह	ज
ख	ब	ज	ल	र	य	ड	◌्	च	ढ	ई	अ	च	◌ं	◌ी
ग	◌ा	अ	त	◌्	◌ू	◌ा	स	◌ि	◌े	न	व	◌्	क	ल
◌्	न	न	◌ा	◌ा	ट	क	त	व	◌ि	◌ा	र	र	◌ा	छ
◌्	◌ा	◌ा	◌े	द	र	◌ा	◌्	श	अ	◌े	◌ो	स	◌े	म
◌ि	◌्	ज	त	प	क	र	ण	ह	◌ु	श	ध	◌ो	ग	म
श	◌ं	य	◌ु	त	◌ा	र	ई	प	च	◌े	न	न	◌े	◌़
द	च	◌ो	स	◌ि	◌ी	◌ृ	स	◌े	ख	प	◌ि	◌ा	प	त
च	स	◌ि	◌े	म	ठ	◌ं	ज	◌ा	ग	द	◌्	◌्	ष	ध
र	◌ं	र	म	द	◌े	ख	न	◌ा	◌े	◌्	न	◌ि	ग	त
प	र	प	◌ा	ग	◌े	ट	स	ख	र	ग	◌ो	श	◌्	स

ब्रेक
बराबर
धुलाई
खाने
पूंजी
परियोजना
देखना
पदार्थ
खरगोश
अवरोधन

कंप्यूटर
अण्डाकार
सुथरा
मछली
रेत
विचलित
हताश
सेम
अजवाइन
सोना

Puzzle 17

थ	क	◌ा	क	आ	◌ी	◌ा	ब	न	व	ख	न	च	ध	◌ो
◌ि	त	प	द	य	◌ा	श	च	◌ा	न	म	◌ु	ह	र	व
ए	न	झ	न	र	र	आ	त	ज	न	◌ा	◌ी	म	य	ह
ट	◌्	ड	◌़	न	ज	य	◌ं	◌्	व	म	◌ा	फ	◌्	◌ि
र	प	ध	ब	◌ो	ट	र	र	इ	ल	ल	◌ा	र	ज	क
◌ा	त	ढ	उ	फ	◌ि	र	श	स	न	◌े	ल	◌े	ख	ऊ
क	व	◌े	न	ज	व	◌ि	ल	◌ी	◌े	ट	◌ा	र	झ	◌्
छ	◌ो	ग	त	म	थ	र	◌्	म	◌ा	म	◌ी	ट	र	श
◌ो	◌ो	ट	र	◌ा	ज	◌्	य	ल	म	क	ल	◌ं	स	क
ड	ट	◌ा	श	◌्	◌ी	ल	प	◌्	क	◌ा	◌ु	◌े	ग	प
◌़	च	श	क	व	◌्	य	क	◌्	त	◌ि	ग	त	◌ा	र
न	आ	ल	ट	◌ि	अ	ज	ह	◌ॉ	क	◌ी	फ	◌्	ग	◌्
◌े	◌ं	◌ो	◌ा	व	◌ै	ज	◌्	ञ	◌ा	न	◌ि	क	र	◌ा
◌ू	च	◌ी	◌ा	◌़	◌ा	ग	न	न	य	र	◌ो	व	◌ि	ल

कमाने
छोड़ने
व्यक्तिगत
मुहर
थर्मामीटर
हॉकी
कोट
चला
खेलने
चोट

राज्य
पति
थिएटर
व्यंजन
फोन
माफ
आयरन
शायद
वैज्ञानिक
टेलीविजन

Puzzle 18

ट	त	न	न	म	ए	ज	◌ि	◌ी	ल	◌ी	E	◌ं	द	य
◌्	अ	स	ज	ब	◌े	न	स	◌ी	र	◌ी	ह	◌ा	ब	न
र	व	प	◌्	ए	न	◌ा	◌ा	◌ा	ल	◌ं	◌ा	ब	स	ल
क	◌े	◌ै	य	व	क	स	व	◌ू	◌े	ऊ	स	उ	म	ज
◌ा	श	ट	◌ा	◌ि	च	स	व	र	◌्	ग	◌ी	क	र	ण
ल	◌ु	र	न	य	◌़	◌्	◌ं	त	ढ	द	ह	◌ं	स	◌ी
◌ि	द	◌्	◌ि	ड	◌्	द	छ	◌्	◌ा	◌ी	क	◌ू	द	अ
◌ू	◌्	न	◌ु	न	श	उ	म	◌ा	◌ु	◌ा	झ	न	◌ं	◌ं
त	ध	घ	द	◌ा	◌े	न	ह	म	त	क	◌ि	◌्	◌ा	श
◌ू	ल	ब	ज	◌े	प	◌ो	स	◌्	◌ि	ड	◌ू	त	◌ी	◌ा
क	क	म	व	◌े	ध	◌्	◌ू	◌े	ष	र	◌्	र	◌ो	क
न	◌ि	म	च	◌्	द	◌्	स	◌ू	◌्	◌ृ	◌्	र	◌ि	◌्
द	स	◌ं	क	◌्	ष	◌ि	प	◌्	त	अ	स	◌ा	◌ं	र
ट	◌़	आ	श	◌्	व	स	◌्	त	◌ा	झ	म	◌े	ब	क

स्वच्छ
घुड़सवारी
हंसी
कूद
महसूस
मात्र
वर्गीकरण
आश्वस्त
निकासी
बाहरी
शुद्ध
लीजिए
पैटर्न
ट्रक
दुनिया
तूलिका
डिस्पोजेबल
संक्षिप्त
कर्कशा
अंश

Puzzle 19

प	◌ा	◌ी	◌े	ल	◌ा	र	न	◌ि	◌ा	◌ा	◌ी	ल	ल	स
◌्	◌़	स	◌्	◌ी	क	ग	◌ि	◌ू	◌ि	◌ू	ड	ष	स	व
र	◌ै	न	◌ी	ध	◌ौ	अ	र	न	◌ी	त	◌ा	द	र	◌ा
द	र	◌ि	◌ा	द	य	◌ो	◌ि	◌ै	व	म	◌ं	प	न	र
र	र	क	च	◌्	त	र	न	त	◌े	◌्	स	स	ग	◌ी
◌्	य	◌े	न	◌ु	◌ा	◌ा	ह	◌ि	ल	म	ह	◌्	◌ं	म
श	◌ा	◌ै	◌ा	य	ल	ज	स	क	व	र	◌ा	य	द	◌ा
न	स	◌ू	अ	ग	◌ा	ध	आ	◌्	ग	म	◌ि	◌ा	◌ा	त
त	श	म	ठ	◌ं	ब	◌ा	◌ि	त	ट	◌ं	त	स	ड	◌ा
ब	◌ं	ध	◌े	ध	◌े	न	उ	◌े	◌ं	◌ा	इ	◌्	◌्	प
क	◌ं	ध	◌े	त	र	◌ी	प	◌ि	व	क	र	◌ा	ड	◌ि
◌्	त	ए	श	म	◌ा	ख	ष	र	ष	◌ं	◌े	ह	ग	त
◌ो	◌े	च	ज	ल	य	◌ि	स	ट	ल	◌े	◌्	◌्	◌ु	◌ा
प	◌ो	न	ल	◌्	प	◌्	र	◌ा	प	◌्	त	ख	त	र

सस्ते
राजधानी
नैतिक
गंध
हास्यास्पद
बंधे
सवारी
आतंक
तालाब
माता-पिता
युद्ध
सैन्य
गंदा
कंधे
विपरीत
प्रदर्शन
मरम्मत
प्राप्त
स्टार
इतिहास

Puzzle 20

र	ट	◌्	◌्	ष	उ	◌ा	ह	व	◌ं	र	क	◌ो	स	ब
ह	आ	◌ी	◌ा	ब	◌ि	इ	ह	द	प	◌े	ट	◌ो	क	◌े
स	स	त	ग	न	म	◌ा	र	य	र	न	◌ौ	ल	◌ा	ह
◌्	◌े	◌ि	◌ि	◌ा	र	झ	◌ा	प	म	प	त	◌ी	र	◌ो
य	◌़	ढ	व	◌्	◌ँ	◌ु	◌ं	ब	◌ी	र	◌ी	◌ि	म	श
च	◌े	द	◌्	◌ि	र	ठ	◌ै	ब	◌ि	◌्	ध	म	म	ध
◌ि	◌ा	ब	ह	प	ल	अ	◌ा	ध	◌्	द	◌ु	ख	ऊ	◌ी
प	त	◌ा	र	न	◌ी	म	अ	◌े	य	◌ा	श	न	◌ँ	य
◌्	◌ि	उ	द	स	श	◌ी	र	◌्	द	र	◌ा	प	च	◌ा
स	स	ड	◌ा	◌ं	◌ं	र	र	व	◌ै	य	◌ा	स	◌ा	य
प	क	ड	◌़	ध	ब	स	ड	◌ि	ग	◌्	र	◌ी	ई	◌ा
◌्	◌ी	ल	ड	◌़	क	◌ी	◌ा	र	ऽ	◌्	◌ं	र	◌्	◌्
व	◌ा	फ	◌ै	◌्	त	◌ा	◌ु	ध	◌ो	उ	थ	म	ग	न
◌्	अ	क	◌ा	ल	ल	ड	◌्	श	न	व	◌ा	य	प	म

न्यायाधीश
ऊँचाई
पर्दा
अमीर
खुद
पारदर्शी
संसाधन
कटौती
रहस्य
तार
उष्ट्र
बेहोश
बैठ
गाँठ
डिग्री
पकड़
लड़की
रवैया
सिविल
चिप्स

Puzzle 21

व	अ	ज	ख	ि	ण	द	च	स	न	ग	ू	ई	स	स
त	ब	क	ु	प	उ	ठ	ा	य	ा	ल	ी	े	ू	ं
ब	े	स	त	न	व	न	भ	ा	ि	े	र	त	े	ग
ि	ल	द	श	य	ा	च	ल	र	द	्	ा	म	आ	्
स	उ	स	क	ा	क	म	ा	्	प	ल	य	्	ब	र
्	ं	ि	द	्	्	म	ि	प	श	ी	ा	ब	न	ह
त	्	ष	ं	द	य	य	र	थ	़	ु	्	ू	क	क
र	न	न	न	उ	क	ं	ा	ड	य	च	प	े	ा	त
आ	य	ा	त	र	ग	ा	ा	ी	व	र	व	द	ि	ब
े	E	ा	ज	र	ग	ल	ड	ं	ै	ह	ि	ॅ	र	W
ा	ञ	त	ढ	े	ि	ा	ि	क	ो	न	े	र	ी	ं
उ	क	झ	न	ख	ज	े	ए	ल	स	च	ा	ं	द	ी
त	क	े	न	ै	च	क	ि	न	ा	न	स	ा	ज	य
त	ब	ा	ो	ा	ज	अ	ष	्	े	़	श	र	म	े

आंसू
उसका
गले
हैंडल
अकेला
प्यारा
दादा
उठाया
तम्बू
वाक्य
खिलाड़ी
प्रयास
संग्रह
आयात
उद्यान
सेब
बिस्तर
चांदी
प्रेस
कोने

Puzzle 22

म	न	ह	य	ग	◌ि	◌ा	◌ा	ल	◌ी	◌ू	म	फ	व	भ
न	न	◌ा	◌ू	◌ो	◌ा	व	झ	ड	◌ा	व	◌ा	◌ो	◌ि	◌े
◌ो	◌ा	ट	ज	◌ं	त	◌्	◌्	◌ा	र	प	ष	ड	क	ज
ह	म	ल	ह	द	◌ा	ड	व	◌्	र	र	◌्	◌़	◌ा	न
त	ल	क	र	ग	◌ि	क	◌्	ण	◌्	ई	क	◌ा	र	◌े
श	◌ॅ	ए	स	ट	व	न	य	झ	ब	◌ा	ह	र	ल	ल
क	त	न	य	◌ि	क	◌े	य	◌ं	म	भ	अ	ग	E	म
◌ो	ग	ग	न	◌ं	न	ह	◌ै	◌ं	म	प	फ	न	◌़	म
व	क	◌्	र	◌ं	ज	◌ा	◌्	◌ृ	र	◌ी	◌ा	◌़	◌ा	क
ह	◌ा	◌े	न	◌े	न	अ	म	म	त	◌े	घ	◌ै	◌ी	च
र	◌े	◌ू	ब	प	उ	ष	◌ु	र	प	श	ट	ह	◌्	र
म	◌ि	◌ा	◌ु	◌्	क	◌्	अ	ब	◌ि	च	◌ि	◌्	प	र
स	द	◌ी	◌ा	◌ू	◌ू	ख	व	न	य	आ	न	ल	◌ि	न
◌ा	स	ग	स	ल	◌ी	क	◌ं	व	◌ि	य	◌े	ज	द	ड

झण्डा
क्षमा
भेजने
मूली
एकल
विकार
बाहर
मानसिक
कविता
साबुन
जेब
व्यय
भाई
टिड्डी
वक्र
पेंटिंग
सदी
हैं
गोंद
फोड़ा

Puzzle 23

◌े	ढ	क	◌ी	व	◌े	ज	अ	न	◌ु	भ	◌ा	ग	र	स
◌ृ	व	व	◌ी	ष	◌े	ख	◌ो	◌े	द	◌े	र	ह	स	◌़
स	ट	त	ट	स	◌े	क	त	ड	र	◌्	श	र	◌ा	द
द	फ	◌ू	च	म	ल	◌्	◌ि	फ	◌़	ल	◌्	◌ै	र	ट
◌ि	य	न	◌ा	◌ा	छ	र	क	न	न	◌ी	न	ल	◌्	स
◌ा	◌ं	श	प	च	ज	◌्	◌्	अ	ल	श	◌ा	◌ी	प	◌ा
स	◌ा	इ	ट	◌ा	◌ा	◌ा	◌ं	क	न	◌ा	◌ा	त	◌ै	अ
श	◌्	ल	क	र	ओ	व	प	ज	आ	ढ	भ	◌े	र	◌्
◌ि	क	व	◌ा	◌ा	न	◌ो	ल	ख	न	र	ग	क	च	◌ा
◌ा	श	◌ा	र	म	◌ु	प	◌ो	ब	द	न	◌ा	◌ा	न	व
छ	ज	◌ॅ	◌ं	◌्	र	◌े	ग		ग	न	स	न	◌ी	त
ट	◌ु	य	◌ि	◌ि	◌ै	उ	ई	क	◌ा	श	व	ज	◌्	न
न	◌्	म	ब	प	व	त	◌ृ	म	अ	◌ा	◌ू	ब	र	◌ी
र	श	◌ी	◌े	ट	ग	र	◌्	व	र	◌्	◌ू	प	फ	ज

केतली
अमृत
केस
फर्नीचर
जाओ
कम
अनुभाग
जोड़ी
गर्व
प्रसार
ताना
देखो
साइट
फिल्म
रैप
लाभ
शहर
समाचार
पूर्व
पंक्ति

Puzzle 24

क	र	द	अ	र	म	क	ट	◌ं	न	◌ु	श	◌ो	◌ा	प
◌ि	◌्	र	◌ौ	र	म	◌े	ध	◌ा	म	म	◌ि	◌ो	अ	◌ो
न	न	◌ा	य	द	स	क	उ	ल	◌्	ल	◌े	ख	प	◌ी
◌ा	ग	◌े	श	◌े	त	◌ु	◌ा	प	त	न	न	◌्	र	◌ा
र	◌ै	आ	ट	◌ि	◌ू	ल	प	ल	ख	ब	य	◌ू	◌ा	द
◌े	व	◌ा	त	व	द	◌ौ	न	द	च	त	य	उ	ध	ज
स	◌ा	◌ं	◌ि	◌्	र	श	र	◌्	ट	र	ज	◌ू	त	◌ा
ई	◌ि	◌ी	न	च	व	◌्	◌ि	स	ग	◌्	म	म	◌ी	◌्
च	◌ा	◌ो	स	ल	◌ा	◌्	क	क	व	◌्	◌्	आ	क	र
व	◌ा	ण	◌ि	ज	◌्	य	◌ि	क	भ	◌ि	न	◌्	न	ऊ
छ	◌ि	प	क	ल	◌ी	व	◌ा	◌ी	◌ा	◌्	◌ा	स	क	◌ु
ड	◌ा	◌ी	न	ल	◌े	◌ै	न	म	र	प	छ	म	◌्	ष
◌े	म	द	◌ा	◌ी	क	◌ा	ग	◌ो	◌्	◌ा	त	◌ि	◌्	◌ी
आ	◌्	◌्	न	◌े	द	◌़	न	◌ा	प	◌ा	त	◌्	न	उ

किनारे
नेटवर्क
अदरक
ऊर्जा
कुल
प्रभाव
वैगन
छिपकली
दूत
शर्ट

अपराध
भिन्न
उल्लेख
चिंतित
सेट
खत्म
सोचा
वाणिज्यिक
जूता
क्लास

Puzzle 25

ज	छ	◌ि	प	◌ा	न	◌े	र	व	स	उ	◌ी	र	◌्	◌्
क	◌ि	उ	◌्	◌ा	त	र	ड	◌े	म	ड	न	◌ी	र	◌े
ज	व	म	प	◌्	ट	ह	ज	अ	◌ु	◌़	ई	स	उ	ख
◌ा	व	क	◌्	प	◌ि	र	प	द	द	◌ा	ड	र	◌ा	ग
र	◌ा	◌ि	आ	म	र	◌्	◌्	◌ृ	◌्	न	◌़	य	प	घ
त	◌ू	ब	ज	म	◌े	ग	त	श	र	त	◌ा	◌्	◌ै	ड
ल	◌्	अ	◌ा	स	◌ो	द	◌्	◌्	स	क	◌ौ	◌ि	स	◌़
◌ि	श	◌़	ए	न	◌ा	स	◌ा	य	ब	ब	च	च	◌ा	◌ी
ख	क	त	ग	द	य	र	स	र	◌ी	क	◌ा	न	◌ा	ज
◌े	फ	◌्	◌ा	स	◌े	◌ा	स	◌ं	च	◌ा	र	◌ि	त	न
◌ं	◌ृ	◌ा	व	◌ि	ख	त	द	ब	◌ा	न	◌ा	ह	◌ौ	न
ख	अ	व	◌े	◌ि	प	◌्	ण	प	ढ	◌़	◌ा	ई	◌्	क
म	◌ा	◌ि	◌ं	◌्	◌ो	◌ा	र	प	◌े	◌ा	◌ा	क	न	◌ि
◌ी	भ	म	◌्	◌्	◌ि	य	ग	ध	त	◌्	ल	स	◌्	◌े

उड़ान
संचारित
छिपाने
जाएगा
खास
चौड़ाई
समुद्र
पैसा
यात्रा
जिम्मेदार
पढ़ाइ
अदृश्य
घड़ी
दबाना
परिपक्व
बकाया
लिखें
ग्रह
जानकारी
मजबूत

Puzzle 26

श	त	E	◌्	ई	य	◌े	य	◌्	श	स	◌ा	ब	स	◌ा
◌ा	अ	◌ी	ल	क	◌ा	र	ह	◌ी	◌़	ड	छ	र	◌ि	◌ौ
म	◌ा	श	त	◌ा	द	◌ा	◌ा	◌ा	◌्	क	◌्	स	स	प
◌ि	म	र	◌ा	च	र	स	ब	ल	◌ा	ष	◌ा	◌ा	क	◌ि
ल	र	◌ा	ख	क	ट	उ	◌ो	न	र	◌्	◌ा	त	◌ी	◌ी
र	न	◌ि	◌ू	द	च	ब	ज	क	ण	र	क	प	उ	त
ल	प	न	◌ी	ग	◌ं	◌ै	ब	◌ि	र	क	थ	स	◌ि	न
◌ा	◌्	◌ो	◌ो	त	◌ा	ज	◌ा	◌े	न	आ	द	र	◌ो	स
◌्	म	◌्	◌ा	ट	◌े	क	म	ल	◌ी	◌ा	थ	ण	◌्	म
◌ौ	◌ो	◌ा	ट	म	◌ि	◌ू	भ	ए	◌्	A	◌ा	ब	म	प
ज	ज	च	◌ा	द	र	स	◌ा	द	ग	न	म	A	ड	त
म	◌ो	ट	ल	न	◌ि	य	◌ं	त	◌्	र	ण	ल	◌ा	ल
◌ी	श	◌ु	ग	◌ी	श	छ	क	न	ख	ज	◌ू	र	◌ा	◌ी
◌ा	◌्	ट	अ	न	अ	अ	ल	ण	◌ं	क	ज	ज	◌ा	ब

छड़ी
शामिल
बोल्ड
मोटल
निराश
चार
बैंगनी
लेकिन
नाक
कनखजूरा

उपकरण
नोटिस
ताजा
आकर्षक
भूमि
पतली
नियंत्रण
अगला
बरसात
चादर

Puzzle 27

म	ड	◌ा	◌्	◌्	र	◌ा	क	◌्	र	य	क	◌े	◌्	स
◌ू	◌्	आ	प	त	च	म	च	◌ा	◌ि	◌े	◌ी	न	र	म
ल	र	र	प	◌्	स	ई	◌्	◌ा	न	◌े	त	ख	ब	◌ी
◌्	◌ै	◌ि	◌ि	◌ा	ष	ल	ड	ल	प	त	स	श	ध	क
य	ग	द	त	ग	त	◌ं	स	व	व	◌ि	म	न	व	◌्
◌ा	न	◌ा	ट	◌ू	फ	क	र	ज	ध	◌्	व	न	◌ि	ष
◌ं	फ	W	◌ु	र	ह	◌ा	◌ा	आ	◌ा	प	◌्	र	न	◌ा
क	◌्	◌े	◌्	न	◌्	व	◌ृ	ल	क	◌्	ल	◌ी	प	र
न	ल	त	◌ि	त	ल	◌ी	न	◌ु	◌ी	र	ग	◌ा	ज	उ
ग	◌ा	उ	च	र	◌्	च	◌ा	र	क	न	◌्	E	न	◌ं
ह	ई	ट	न	श	◌ा	◌े	र	प	न	◌ि	ब	ष	स	◌े
र	◌्	ग	उ	क	स	◌े	न	◌ा	उ	◌ा	◌े	◌ै	◌ि	◌ं
◌ौ	उ	र	क	◌ा	◌े	न	क	◌ा	द	र	स	य	◌े	त
व	◌ा	स	◌्	त	व	◌ि	क	त	◌ा	य	द	र	ग	र

वसंत
परेशान
आकर्षित
ड्रैगनफ्लाई
गहरी
बेस
चर्चा
ध्वनि
फूटना
उग्र

सेना
उजागर
मूल्यांकन
तितली
समीक्षा
स्केयरक्रो
वास्तविकता
आपातकालीन
उनके
उनकी

Puzzle 28

न	ह	आ	ठ	◌ा	प	स	◌्	व	च	◌ा	ल	◌ि	त	◌े
◌ा	र	ब	र	◌ा	र	◌्	◌ु	ज	◌ा	◌्	◌ा	स	◌ा	ल
◌्	◌ा	◌ू	ल	र	च	◌ा	छ	◌ा	व	क	ओ	र	ग	आ
स	प	न	◌ि	ष	◌े	ध	◌्	ख	◌्	म	◌ा	श	◌ि	◌ं
◌ि	थ	अ	ण	◌ो	ज	य	◌े	म	त	ल	त	श	◌ा	न
ध	◌्	त	न	ख	र	र	त	◌ा	◌ा	क	ब	ब	भ	श
द	◌ा	◌े	◌्	य	न	◌ो	व	न	◌ा	◌ु	च	◌्	ह	◌्
◌ा	र	प	अ	स	◌ि	क	न	व	◌ि	त	◌ी	◌ा	स	म
प	र	◌ॅ	र	ल	द	व	◌ि	व	ल	ट	◌ू	◌्	स	म
◌ं	◌ि	ड	य	न	◌्	◌ै	◌ा	◌ा	◌ं	◌ू	र	ड	आ	◌ो
प	र	◌ि	व	◌ा	र	◌्	ट	◌ी	ट	◌्	◌ि	म	◌े	◌ा
◌ा	व	प	E	य	प	◌ो	च	त	◌े	ट	ज	◌े	◌ा	ट
र	र	◌ी	◌्	ब	श	श	र	न	◌ा	ट	ज	म	न	म
◌ै	र	ग	ल	त	◌ा	◌्	◌ा	◌्	◌ू	आ	न	म	◌ै	◌ी

मानव
सहभागिता
कलम
काश
पूरा
टट्टू
मिट्टी
त्वचा
निषेध
जुर्राब
स्वचालित
पाठ
रोक
शाम
बताओ
चींटी
चुनाव
स्टूल
परिवार
बयान

Puzzle 29

◌्	ल	◌ू	ट	न	◌े	◌ि	ब	ग	◌ा	क	व	क	क	द
ज	◌ा	◌ँ	च	क	य	◌ा	◌्	◌ा	न	न	◌ा	◌ु	ध	य
◌्	व	न	◌ा	ग	◌्	र	न	◌ा	इ	ल	ह	क	◌ु	◌ा
क	◌ी	स	◌्	श	◌ा	◌ा	◌्	र	ह	क	न	र	ज	क
ज	ब	◌ा	ब	म	ल	क	र	◌ा	ब	द	म	र	य	व
◌ं	प	त	ज	◌ि	र	आ	◌े	झ	क	◌ी	◌ा	◌ा	ज	◌े
प	प	◌ा	◌्	श	ह	◌े	ल	◌ी	क	◌ा	प	◌्	ट	र
◌ा	र	◌्	ल	◌ि	त	ण	◌ा	◌्	◌े	ब	◌ा	ल	ब	र
◌े	व	◌ा	◌ा	क	स	◌ो	◌ि	च	◌ा	आ	त	◌ा	◌्	◌ू
ब	◌ा	क	◌ु	म	य	फ	◌ि	ई	ग	ल	ब	◌ू	श	ह
प	ल	◌्	अ	प	न	◌ा	न	◌े	उ	त	न	आ	◌ी	प
द	ग	प	◌ा	ठ	◌्	य	क	◌्	र	म	◌ु	स	◌ो	र
◌्	◌ं	ल	ब	◌ा	क	प	श	◌े	◌े	ध	य	◌ा	ब	◌ं
◌ा	म	ग	◌्	र	◌ा	ह	क	ढ	स	◌्	◌े	न	◌ा	स

ईगल
कार्य
किशमिश
बाइक
वाहन
राजमार्ग
तापमान
आकार
लूटने
अपनाने

जबाब
ग्राहक
सतह
आबादी
कुकर
आसान
हेलीकाप्टर
पाठ्यक्रम
मंगलवार
जाँच

Puzzle 30

स	अ	व	त	ज	◌ा	व	आ	स	◌ा	◌ा	ब	◌ि	च	र
त	व	◌ि	◌ा	म	◌ु	◌ि	स	प	◌ो	◌ू	व	स	स	स
र	श	क	न	◌ी	स	न	द	◌ु	◌ं	◌ा	ह	◌ू	स	◌ू
◌्	◌ो	ल	◌ू	न	य	◌ो	ग	द	◌ा	न	ध	न	त	श
क	ष	◌्	क	◌ं	ल	◌्	◌्	स	◌ु	न	न	◌े	द	इ
त	◌ि	प	प	म	प	◌ो	◌ा	◌ा	◌ि	छ	न	◌ो	◌ॅ	र
न	त	र	◌ो	◌्	स	त	य	प	न	ध	अ	◌ं	ड	◌े
◌ो	ख	◌ा	य	◌ी	◌ी	र	क	◌ा	व	◌ी	◌्	स	र	आ
र	र	र	त	◌्	च	◌ि	न	◌ा	म	म	स	◌्	त	य
र	इ	न	◌्	न	म	न	उ	◌ै	त	◌ा	र	क	◌ी	◌ा
◌े	स	ड	र	च	◌्	क	◌्	घ	ज	र	प	◌ी	◌ा	न
क	◌ी	व	◌ी	◌्	ड	◌्	र	◌ा	इ	व	ट	इ	व	अ
◌े	◌ी	य	र	न	◌ि	त	न	ब	◌ा	त	ञ	◌ं	क	◌ू
◌ा	फ	ग	◌ै	ढ	◌्	◌े	◌ि	र	ह	य	न	ग	◌ी	श

ड्राइव
स्वीकार
योगदान
स्रोत
बूंद
सरपट
विकल्प
सतर्क
सुनने
अंडे
बाघ
जमीन
कीवी
आवाज
अवशोषित
स्कीइंग
धीमा
मानचित्र
खर्च
धूसर

Puzzle 31

श	क	श	प	◌ं	◌ा	ग	व	य	त	◌्	◌ा	च	◌ि	क
म	र	◌ा	◌्	ट	र	◌ी	क	◌ा	◌ि	ध	अ	◌ॉ	त	न
र	त	◌्	र	त	ट	र	◌्	◌़	च	च	◌ि	ल	◌ं	क
◌्	◌्	◌ा	त	य	◌ा	क	◌ु	ध	उ	◌़	◌्	◌ू	ह	च
श	◌ा	◌्	◌ा	◌े	◌्	ब	म	◌्	य	ण	र	◌्	◌ि	न
◌ु	छ	स	स	◌ा	◌ं	प	क	य	त	य	र	क	◌ं	न
ड	◌ो	◌ी	र	ड	◌ा	ट	◌ा	◌ा	स	◌्	◌ॉ	स	स	फ
स	ल	व	त	इ	घ	न	य	न	ल	◌ा	म	◌्	◌ा	◌ै
र	◌ौ	◌ा	ब	ल	◌्	क	◌ि	व	स	◌्	त	◌ु	◌ा	स
न	ल	◌ि	न	◌ा	उ	म	◌्	म	◌ी	द	प	◌े	क	ल
व	ख	न	फ	◌्	ल	ल	च	ब	ल	द	न	य	◌्	◌े
◌्	◌्	ब	क	स	व	◌ै	क	ल	◌्	प	◌ि	क	त	◌्
र	फ	ल	द	न	न	न	◌ी	◌ो	◌्	◌े	र	◌्	म	र
ग	◌्	ल	अ	◌्	क	◌े	क	◌ि	श	र	◌ँ	प	आ	त

सोसायटी
उम्मीद
वैकल्पिक
निवासी
हिंसा
बल्कि
शर्तें
स्लाइड
घटक
अधिकारी
छात्र
बकरी
ध्यान
सात
उचित
वस्तु
फैसले
ट्राम
निर्णय
श्रम

Puzzle 32

◌ू	◌़	◌ा	◌ं	प	ग	क	द	ि◌	भ	श	प	च	◌ा	◌ॅ
ि◌	◌्	ल	◌ा	ट	ठ	◌ै	◌ु	स	◌ा	◌े	◌ा	न	◌े	र
क	ड	ह	म	ष	च	प	प	क	ष	र	स	◌ं	ह	ल
र	ल	इ	च	◌्	छ	◌ा	ट	◌ा	ण	प	ब	◌्	ए	ग
◌े	ड	थ	प	त	त	य	◌्	◌ा	।	न	ट	ढ	न	◌ो
ि◌	◌ा	◌ी	ह	◌ु	ख	◌ा	ट	थ	ढ	◌ा	द	◌ं	◌े	ध
◌ा	स	न	◌ं	◌ं	त	ह	◌ा	त	ि◌	◌ी	◌ा	न	◌्	अ
स	थ	◌ा	क	स	◌ॅ	◌ा	◌्	घ	स	◌्	ि◌	म	क	द
प	स	ट	◌ौ	◌ु	ट	ड	आ	र	स	◌ं	भ	◌ा	ल	◌्
◌ु	◌्	घ	म	ट	स	स	व	◌ा	म	य	छ	◌्	◌ा	य
◌्	व	र	त	न	◌ु	E	ह	◌्	◌्	क	ल	म	प	त
◌्	◌्	◌्	त	क	न	◌ी	त	◌्	र	व	य	स	व	न
◌़	स	◌ु	च	ि◌	◌ा	र	ज	क	◌्	ष	म	त	◌ा	ल
◌े	◌ॅ	द	ज	च	ण	द	म	◌ा	प	न	र	◌ॅ	य	र

संभाल
चिकन
वर्तनी
मुँह
अद्यतन
कैप
पालक
दुर्घटना
स्वस्थ
संतुष्ट
पास
भाषण
सुना
शेर
दुपट्टा
प्रति
निमंत्रण
इच्छा
क्षमता
सम्मान

Puzzle 33

म	प	◌्	र	◌ौ	द	◌्	य	◌ो	ग	◌ि	क	◌ी	◌ा	स
ग	◌ि	स	व	◌ि	त	र	◌ि	त	◌ं	न	◌े	ड	ह	◌्
र	ल	◌े	व	र	◌ं	क	ट	घ	◌ं	स	◌ं	प	थ	क
म	म	म	◌ा	◌ा	◌ा	◌ा	A	◌्	◌ा	झ	◌े	र	◌ि	◌ी
च	◌े	न	स	ब	श	ष	त	त	य	◌े	ज	व	य	◌़
◌्	म	भ	म	ख	क	◌्	द	◌्	व	स	ब	च	◌ा	ह
छ	त	◌ी	ज	अ	क	◌ि	◌ि	क	न	◌्	◌ा	◌ा	र	र
य	उ	◌्	स	ट	◌्	व	प	व	प	◌ु	ल	ग	◌े	आ
श	क	◌्	◌ा	ब	◌े	आ	◌ा	◌ा	स	◌ि	न	◌ा	ल	न
◌ा	न	◌ी	◌ो	प	र	◌े	◌ं	त	य	◌ा	प	ष	त	य
प	◌्	र	थ	म	छ	र	स	◌्	झ	म	◌ा	स	श	◌ा
म	◌ो	म	ब	त	◌्	त	◌ी	अ	म	त	थ	◌ा	प	◌ि
क	◌्	◌ु	◌ा	◌ि	च	व	अ	◌ी	न	स	◌ी	क	◌ा	ह
◌ा	य	च	ब	च	म	◌ा	◌ा	र	◌ं	ह	झ	स	द	प

बसने
हथियार
मगरमच्छ
वितरित
आविष्कार
मोमबत्ती
तथापि
विश्वास
अखबार
मच्छर
झंडा
संपादित
पुल
शांत
संघटक
शाही
प्रथम
स्की
प्रौद्योगिकी
पहिया

Puzzle 34

प	त	◌्	र	स	◌े	र	◌ा	◌़	◌्	◌ु	य	◌ा	W	◌ु
म	ट	◌ी	स	म	ख	◌ि	आ	अ	र	क	ज	र	र	◌ि
न	◌ि	इ	◌्	◌्	ई	ण	न	त	न	र	च	◌ै	◌ी	य
◌ा	◌ो	◌ी	◌्	म	स	च	◌ि	व	प	ट	◌ं	◌ी	ट	क
च	◌ॅ	◌ा	◌ा	◌ा	स	म	◌ा	र	◌ो	ह	◌े	◌ा	ग	ह
क	श	◌्	ज	न	◌ो	म	◌ि	य	◌्	व	म	प	◌े	न
◌ो	न	उ	◌ं	प	◌ा	◌ा	न	र	◌ँ	श	◌्	ल	◌ि	म
ट	व	श	र	◌ू	श	म	म	न	ष	◌ा	◌ा	भ	र	◌्
◌े	ड	त	घ	र	◌ा	ग	र	फ	य	न	ह	र	क	◌े
श	त	ल	◌े	◌्	◌ा	◌े	ख	ज	◌ा	द	◌ा	◌ू	क	म
न	झ	◌ि	◌्	व	छ	ठ	◌े	◌ै	प	◌ा	◌्	क	ल	◌ा
न	स	म	श	क	◌ा	र	◌्	प	◌ृ	र	स	◌ो	◌ा	ह
स	द	स	◌्	य	न	ह	◌ी	◌ं	क	◌ू	◌ा	प	भ	◌ा
ट	श	आ	ट	◌ा	स	◌ि	द	◌्	ध	◌ा	◌ं	त	ऊ	ब

आटा
प्रकाश
सचिव
सिद्धांत
कोटेशन
कला
नहीं
कृपया
छठे
सदस्य

पेट
भाल
में
भाषा
समारोह
शानदार
हाँ
प्याज
सम्मानपूर्वक
पत्र

Puzzle 35

ग	◌ु	र	◌्	◌ा	आ	र	म	◌ु	र	◌्	ग	◌ी	ग	ड
र	◌ा	च	म	◌ा	◌ो	स	ठ	◌ा	◌ी	क	ण	ध	◌ो	◌ि
◌्	◌ा	य	ई	न	न	श	◌े	व	◌ो	र	◌ा	र	र	ज
व	ख	◌ा	न	◌ा	न	ट	ठ	स	च	स	◌़	र	न	◌ा
◌्	◌ा	ल	◌ी	◌ू	स	व	द	◌ा	◌ॅ	◌ा	A	क	ण	इ
स	ह	ब	◌ा	ध	◌ो	ख	◌ा	र	◌ु	व	◌े	◌ा	र	न
व	फ	र	स	र	र	र	द	◌ू	ह	ध	द	◌ु	ख	◌ी
फ	◌ो	◌ा	आ	न	ज	य	व	उ	प	◌ा	क	उ	◌ा	◌ी
◌ा	व	ष	ट	व	न	◌्	र	न	◌ि	न	◌्	छ	◌्	ड
द	◌्	◌्	त	◌ा	न	च	प	◌ं	द	ल	न	य	स	ध
◌ा	च	ट	ल	र	◌े	त	प	◌ि	◌्	र	म	स	न	ख
र	ज	◌्	ट	◌्	◌ा	◌ु	क	◌ा	◌ि	ड	य	न	न	च
ज	स	र	इ	◌ि	त	र	श	◌ो	ब	च	ट	आ	◌ा	र
ड	क	स	प	ब	ट	◌ा	श	◌े	◌ृ	ख	न	◌्	छ	ग

पहुंच
मुर्गी
धोखा
चोरी
आसानी
समर्पित
गधा
सावधान
ठेठ
दुखी
राष्ट्र
बहस
वसूली
डिजाइन
चतुर
गायन
वसा
कारण
वफादार
स्वर्ग

Puzzle 36

◌ू	द	ख	◌़	भ	◌्	स	न	◌ो	र	◌ि	व	ब	◌ि	य
ख	◌्	ड	स	◌्	न	म	ग	ज	◌ा	◌ृ	◌ै	त	आ	◌ु
◌ि	ब	स	स	र	◌ा	◌ं	◌्	ल	आ	च	◌ी	◌ा	च	◌े
र	◌ि	फ	र	म	◌ु	ज	म	थ	ह	न	◌ा	च	र	न
व	व	◌ा	◌ी	◌ि	◌ो	◌ि	स	म	ज	ल	प	अ	ण	◌ा
म	म	र	र	त	ल	ल	स	◌ा	।	त	◌ू	फ	◌ा	न
◌ु	◌ा	◌ि	ल	◌ा	ख	र	र	य	◌ि	ब	ल	व	◌ि	श
स	स	◌ं	ब	◌ं	ध	◌ि	त	◌ि	र	◌ा	आ	र	◌ि	◌ि
◌ी	र	प	◌ो	क	◌ा	◌ा	म	आ	◌ं	र	◌े	व	स	म
ब	ख	◌्	क	प	◌ा	◌ा	◌ु	ड	◌्	प	व	ए	व	◌ू
त	◌ा	ह	◌्	र	अ	न	ह	◌्	◌्	◌ं	न	◌ा	द	◌ा
◌े	◌ू	ट	◌े	◌ा	द	अ	ब	क	ठ	◌ै	ब	ण	त	स
◌्	स	ल	च	◌ि	◌ा	प	ष	म	क	ई	◌्	◌ा	◌ै	◌ा
थ	◌ा	◌ा	◌े	ल	ल	न	र	◌ं	ब	य	◌ो	त	न	व

आलू
मिशन
भ्रमित
बहुमत
बियर
अर्हता
तूफान
संबंधित
बैठक
निरपेक्ष
आचरण
फिर
मकई
मुसीबत
सूखा
लाख
राजनीति
रबड़
मंज़िल
चाची

Puzzle 37

◌ी	◌्	◌ा	र	ल	व	त	◌ा	स	◌्	र	◌्	प	ज	फ
◌ा	र	◌ा	क	ब	न	न	क	◌्	न	प	◌्	य	◌ि	◌्
ध	◌ा	क	क	स	द	◌ा	◌ि	व	ल	अ	र	न	ज	र
फ	◌ै	◌ि	ढ	◌े	व	क	ग	◌ै	◌ा	◌ि	◌्	◌्	◌्	◌ी
◌ु	श	◌्	त	◌ू	त	◌्	◌्	च	◌ी	◌्	श	स	ञ	ज
◌े	◌्	श	◌े	◌े	र	ष	र	◌्	न	क	◌ु	क	◌ा	त
क	द	भ	ज	व	◌्	◌ू	क	छ	◌्	म	◌ै	ष	स	◌्
र	◌ी	◌ू	प	र	य	◌ी	ब	◌ि	ल	◌ि	◌ा	◌ं	◌ु	र
◌ी	प	स	घ	त	◌ा	स	क	क	न	थ	म	प	ड	क
ब	न	◌ं	◌ु	च	क	ग	◌ा	न	अ	र	द	ल	◌़	◌ी
◌ि	स	छ	व	◌ि	ष	प	र	◌ा	म	◌ा	न	◌े	◌ा	म
◌ि	ग	प	र	◌ं	र	ल	न	च	त	◌्	ड	क	ब	त
व	ह	च	क	व	ब	य	◌ी	अ	र	प	ब	थ	◌ा	ग
क	◌ृ	◌्	य	◌ा	◌ु	◌े	◌ं	म	र	त	◌ी	त	च	क

वर्ग
जिज्ञासु
बाड़
प्रस्ताव
बीयर
स्वैच्छिक
कुक
पूरी
छवि
नीला
तेज
वंचित
अचानक
करीब
नाम
संघर्ष
प्राथमिक
अलविदा
कैंडी
फ्रीज

Puzzle 38

◌ु	र	ज	व	द	◌्	आ	◌्	◌ी	न	ब	ल	क	ल	प
म	क	◌्	ज	स	ज	य	श	◌ा	◌े	च	◌ा	ह	◌ं	◌ा
त	श	न	◌ि	◌ि	◌ो	◌ी	म	क	◌ी	न	न	त	ब	उ
न	श	र	र	◌ी	क	◌ि	य	◌ं	प	◌ो	◌े	◌े	◌ा	ड
न	◌ा	◌्	ज	◌ि	ध	ख	ल	◌ि	ह	◌ा	न	◌ा	म	र
न	फ	त	न	◌्	स	श	◌ा	न	◌ु	ड	ध	क	त	◌ा
क	फ	◌ि	द	य	◌ु	र	◌ा	◌ा	ब	ज	न	द	च	ग
◌्	न	◌ु	◌े	◌ि	◌ं	म	◌ा	◌्	त	र	र	श	ई	न
र	ब	आ	म	◌ै	म	ध	◌ो	न	◌े	क	◌्	क	◌्	◌ा
◌ि	◌ि	क	च	◌ो	◌़	◌ु	आ	ई	आ	र	आ	ई	ए	स
य	◌े	◌ो	◌ि	◌़	◌ि	◌े	र	र	त	य	प	र	◌्	◌ा
◌ा	क	ग	ल	य	र	ष	क	◌्	त	◌ा	◌्	स	ह	च
प	◌ा	इ	◌ं	ट	◌ा	च	◌ी	स	प	◌ा	व	◌ा	न	◌ी
आ	र	◌्	क	ट	◌ि	क	ज	म	ह	◌ि	ल	◌ा	ओ	◌ं

लंबा
खलिहान
धोने
महिलाओं
केबिन
वापस
पीने
आर्कटिक
बुद्धिमान
पाइंट
पाउडर
दशक
प्रमुदित
हस्ताक्षर
बनी
कहते
आईआरआईएस
लाने
फ्रिज
क्रिया

Puzzle 39

त	य	य	म	उ	◌ा	ख	◌ि	अ	क	प	ड	◌ं	◌ा	र
प	क	श	◌ा	न	प	ट	अ	◌ि	ज	◌ी	◌ि	न	व	च
ल	◌े	L	ब	न	न	◌े	◌ो	ह	त	◌ी	त	ध	आ	म
व	◌ी	◌ा	◌ि	◌ौ	म	◌ं	क	◌ी	य	र	ब	ब	◌्	प
प	◌ु	र	◌ु	ष	◌ा	घ	र	◌्	◌े	घ	◌ि	◌्	य	च
र	◌ि	त	ज	न	ग	र	◌ा	क	ष	य	◌ा	ब	◌े	◌ा
◌ा	ण	ख	◌े	◌ि	र	◌ा	ज	अ	ल	◌ा	स	◌े	त	ल
◌ा	◌ा	◌ि	◌ो	◌ी	◌्	◌ी	न	अ	क	ड	म	द	क	◌ा
◌ा	र	◌ं	न	ज	◌ै	ल	◌ी	न	◌ा	◌़	◌ा	◌ा	ट	क
य	म	र	◌ि	ह	◌ा	ई	त	◌्	अ	◌ि	त	र	ल	य
श	क	◌ा	◌ं	◌ि	ध	अ	◌ि	स	◌ा	◌ि	◌े	उ	य	◌ा
व	ड	र	स	◌ा	ब	उ	क	◌ं	◌े	च	क	स	प	च
ब	◌़	स	◌्	थ	◌ा	न	◌ा	प	न	◌्	न	म	ड	ज
◌ी	◌ी	A	त	ल	त	य	◌ि	◌ा	थ	ह	ब	य	◌ै	◌ि

उपज
राजनीतिक
घंटे
रिहाई
कदम
होने
अधिकांश
लटकते
साबित
निजी
पुरुष
चिड़ियाघर
मकड़ी
चालाक
उपेक्षा
समय
धब्बेदार
खतरा
स्थानापन्न
अजीब

Puzzle 40

ल	ल	थ	◌ो	◌्	◌्	फ	ड	स	र	◌ी	उ	◌्	ह	ह
म	◌ा	र	ल	ल	ल	◌ो	◌ी	र	ण	स	प	ब	श	र
प	र	◌ि	च	◌ि	त	क	य	ड	न	◌ि	य	प	◌ा	ट
◌ू	त	◌े	त	र	प	स	ल	◌्	◌ी	◌ा	◌ु	क	ध	म
◌े	स	◌ी	◌ि	द	श	अ	◌ा	◌ा	त	व	क	◌ा	क	◌ि
ग	◌े	◌ी	व	◌ं	र	◌ि	◌े	क	◌ि	ल	◌्	न	◌्	न
य	◌ा	◌ॅ	◌ा	ब	अ	अ	क	◌ं	झ	ह	त	◌े	ल	ट
भ	◌ो	ज	न	◌ी	न	न	◌ा	आ	◌ी	ज	म	श	र	आ
म	◌ु	ल	ख	◌ा	◌ि	◌ु	◌ु	◌ू	◌ी	◌ा	◌ौ	◌़	◌ा	◌ॅ
म	ग	द	र	म	य	म	म	◌ी	◌ा	क	◌्	◌ं	ज	ख
श	य	◌्	◌ि	क	म	◌ा	प	त	◌्	र	◌ि	क	◌ा	◌ो
◌ी	र	◌ु	◌ा	।	◌ि	न	प	◌्	र	प	त	◌्	र	◌ं
क	◌्	क	◌े	क	त	व	ग	क	च	स	व	◌ि	◌ौ	उ
य	◌ो	ज	न	◌ा	◌ा	द	ब	प	◌ा	आ	◌ा	◌़	◌्	च

योजना
मिनट
बायाँ
पत्रिका
आंकड़ा
महिला
उपयुक्त
रणनीति
रखना
अनुमान
परिचित
पकाने
आँखों
प्रपत्र
शौक
अनियमित
भोजन
केला
कौशल
फोकस

Puzzle 41

र	ि	ट	ष	ब	ं	द	ल	े	छ	ि	प	ल	म	न
ु	़	ी	उ	म	े	्	न	ज	ा	ई	र	ट	न	े
ह	ब	य	ू	्	ट	ज	य	न	्	ू	श	श	ल	क
आ	स	ू	र	ि	ो	प	ा	र	ह	भ	ू	ख	े	ी
े	।	्	ा	ख	े	र	ि	ा	क	म	ं	व	ग	प
त	्	ड	त	ड	ज	क	भ	ू	क	प	प	ी	आ	ट
ा	न	स	म	ा	प	्	अ	ण	स	र	ं	ज	्	्
ल	र	ा	ो	ा	ं	त	ग	ं	र	न	स	र	स	त
्	ख	क	य	्	्	त	ं	े	स	ू	ह	फ	ा	न
क	र	़	़	्	स	त	र	त	़	ू	ण	र	म	ु
प	ु	़	ं	त	ु	ो	ं	ण	्	ड	र	्	ा	क
ी	ू	े	ि	ा	र	ब	म	ट	क	आ	ो	म	ज	न
छ	ू	द	ढ	ा	ा	ह	े	ग	ा	भ	ु	न	ि	म
े	ध	ि	व	य	स	व	श	ज	र	द	ी	र	क	ो

आगे
स्पंज
सामाजिक
कार्ड
जन्मे
पिछले
कभी
पीछे
रक्त
फर्म
बंद
रंग
भूखे
ड्यूटी
हस्तांतरण
हरा
खोजने
शून्य
ट्यूब
अभियान

Puzzle 42

त	क	छ	◌ु	क	स	र	अ	◌े	◌ो	त	र	म	ब	◌्
◌ि	◌्	◌ा	◌ृ	◌ं	◌ै	ल	व	◌ा	र	◌ा	◌ी	म	ञ	न
अ	र	द	र	◌ा	त	◌े	ल	त	◌ै	य	◌ा	र	◌ो	प
न	◌ं	◌ॅ	ष	◌्	क	प	◌ो	म	ह	म	म	क	ल	E
ब	व	◌ा	◌ा	क	र	त	क	ह	ल	ध	ल	◌्	◌ि	◌ो
म	ज	च	◌ि	◌ा	◌ा	व	न	स	ब	◌्	अ	र	स	र
ज	◌ै	क	◌े	ट	क	श	◌ा	◌ॅ	◌्	य	आ	म	फ	ध
◌े	◌ो	◌ि	◌ो	आ	◌ि	क	स	ई	प	म	श	◌ि	◌े	◌े
न	◌ि	र	◌्	भ	र	र	स	◌ी	ह	◌ा	स	क	द	◌ो
त	◌्	◌ा	र	◌े	आ	म	फ	त	न	य	◌ो	त	प	ड
ग	र	◌े	च	◌ा	प	◌ा	ल	र	ल	प	ज	स	◌ं	◌ो
च	क	र	त	◌ा	र	◌ं	त	◌े	य	◌्	म	ठ	र	त
◌ा	◌ी	ज	ल	व	ह	◌्	◌ा	अ	ड	न	उ	ड	◌ि	र
र	स	न	◌्	व	ट	◌े	ल	◌ी	स	◌्	क	◌ो	प	व

तैयार
कुछ
सफेद
कार्रवाई
ठंड
मध्यम
टेलीस्कोप
साहसी
करता
सहमत
मां
अवलोकन
पक्ष
क्रमिक
सफलता
बंदूक
निर्भर
अलमारी
जैकेट
चाँद

Puzzle 43

◌ो	आ	ढ	क	ल	आ	न	◌े	◌े	ल	ग	क	ख	◌ी	म
म	श	◌ी	ख	◌ु	श	◌ी	◌ु	ख	◌ं	क	क	◌ी	क	म
प	क	न	द	न	च	◌ा	इ	◌ि	च	न	◌ु	त	च	◌ी
प	ग	◌ं	क	◌ो	ल	प	ट	S	अ	न	◌्	ढ	च	◌ि
न	◌े	◌़	ढ	प	A	◌े	क	ग	ख	◌ा	क	ग	श	ल
त	ल	◌ा	ई	◌ो	क	अ	ज	◌ा	घ	छ	◌ी	घ	◌ा	स
ध	ड	ट	र	◌्	श	प	श	◌ु	र	◌ू	व	ए	◌ि	◌े
◌ि	◌े	◌़	स	◌्	◌ा	◌ि	र	◌ा	◌े	प	◌ा	ज	प	र
श	◌ा	ल	◌ि	थ	◌ो	ल	ग	◌ा	प	◌्	इ	◌्	◌े	◌ि
◌ो	र	प	स	◌ी	प	◌्	प	◌्	र	क	◌ृ	त	◌ि	श
◌ं	र	र	◌ा	◌ा	प	ल	श	◌ा	◌ि	व	◌ा	प	अ	◌ु
स	व	प	अ	स	न	◌ा	व	◌ि	स	◌्	त	◌ृ	त	व
◌ा	ह	र	र	र	◌ु	ब	◌े	स	त	घ	न	प	ञ	◌ै
च	◌्	न	छ	न	आ	ल	स	त	छ	◌ि	◌ी	क	न	◌ा

पोशाक
लेने
खुशी-खुशी
कोई
पानी
पागल
घास
प्रकृति
संशोधित
पढ़ने
पूछना
पीड़ित
विशाल
पिशाच
साथी
विस्तृत
पिल्ला
शुरू
स्केटिंग
तेंदुआ

Puzzle 44

◌्	र	र	न	◌्	ल	◌ॉ	◌े	ट	◌े	स	र	◌ु	◌ि	◌े
य	ल	न	श	प	◌़	व	◌ं	◌ि	क	◌े	ण	◌े	ख	य
च	अ	ग	न	ई	न	श	क	र	◌ि	ग	◌ा	न	◌ा	◌्
◌ि	ग	◌्	◌ौ	र	◌ी	ब	◌ी	क	◌ं	व	म	म	म	◌्
र	ल	◌्	म	ध	◌ु	म	क	◌्	ख	◌ी	◌ी	र	य	अ
प	◌ा	द	◌ा	◌ु	स	र	◌े	प	◌्	स	◌्	क	ए	◌ी
◌ै	ग	◌्	क	र	◌ा	क	र	थ	◌्	त	प	◌्	ब	◌्
न	त	क	ह	◌्	स	क	ड	र	ख	ई	ख	◌ा	◌ि	द
◌ा	द	ब	◌ा	व	ह	◌े	◌ु	प	◌ा	स	ल	र	◌ा	ट
ह	◌ं	र	त	◌ा	ए	क	घ	◌्	व	◌ु	ट	प	◌्	र
म	ट	◌ो	◌ा	त	◌े	क	ल	ट	ग	◌ा	◌ो	◌्	त	प
ह	च	य	◌ं	◌्	◌ि	म	◌ा	फ	◌ी	स	स	ण	क	न
ब	ल	◌्	ल	◌े	न	र	भ	श	◌ा	◌े	ल	◌ा	ल	म
ज	ठ	ड	◌्	ल	र	◌ी	ड	र	◌ी	ख	◌ं	◌ा	थ	◌ं

महान
कुर्सी
माफी
बल्ले
दबाव
नागरिक
एक्सप्रेस
भरने
एहसास
गुलाबी
नमी
मधुमक्खी
पैन
पराक्रम
पत्थर
लघु
कारक
दिखाई
परिचय
लागत

Puzzle 45

अ	◌ा	म	◌े	स	◌ं	ख	◌्	य	◌ा	र	व	◌े	न	र
ख	◌ि	ल	ह	◌ी	◌ु	ज	◌ा	आ	◌ं	त	र	◌ि	क	प
र	◌ा	◌ु	ब	◌ी	म	द	आ	स	क	◌ा	◌्	◌ो	ट	ड
◌ो	क	ल	◌ु	◌्	न	ब	◌ं	◌ु	च	च	◌्	◌्	फ	र
ट	ल	य	◌ा	प	त	◌ा	व	द	◌े	ल	◌्	श	क	व
ल	क	ष	◌ि	र	◌्	◌ा	व	ड	◌़	◌ो	त	स	◌ी	◌़
◌ू	द	◌ू	ध	◌्	र	क	◌्	य	◌ो	◌ं	◌्	न	◌्	◌़
◌ा	क	न	ई	स	ब	◌ि	◌ा	ष	र	ब	◌ा	स	र	आ
क	च	ह	प	आ	स	ठ	क	त	◌्	ह	ल	क	त	◌ै
◌ा	स	◌ा	क	म	◌्	ल	अ	◌ि	क	ल	ग	त	◌े	र
र	◌ी	◌ं	◌़	ध	र	प	प	◌ै	च	◌ै	श	न	◌ो	र
न	ल	ल	द	◌ा	◌्	श	त	ग	थ	◌ा	क	ज	झ	म
ह	◌ो	ट	ल	◌ा	प	म	प	क	ब	ब	ल	त	म	◌्
र	त	प	◌्	र	त	◌ि	ब	द	◌्	ध	त	◌ा	स	W

कहानी
समझौते
पायलट
संख्या
बुरा
चुंबन
होटल
प्रतिबद्धता
बर्तन
चाल
आंतारिक
महीना
चक्र
दवा
अखरोट
दूध
आदमी
मतलब
वार्षिक
क्यों

Puzzle 46

र	ड	◌े	श	न	श	◌े	द	न	न	य	भ	◌ी	र	थ
फ	◌ी	प	र	◌ी	क	◌्	ष	ण	◌्	ि◌	न	क	◌ा	र
क	व	र	◌्	त	च	त	न	थ	द	य	◌ा	व	क	ि◌
त	य	ब	ब	र	◌ं	न	त	◌ा	ब	ड	स	प	◌े	◌ू
◌ी	म	◌ू	◌ो	न	◌े	ट	◌ु	घ	ल	द	स	ग	◌्	च
◌ा	◌़	ट	◌े	य	प	ध	◌्	◌ा	◌ी	प	त	◌ा	स	◌ी
क	ट	ि◌	स	◌्	ल	◌ा	◌्	प	ि◌	◌ा	म	◌ा	◌े	◌ु
र	र	फ	छ	त	◌ं	◌ा	झ	ध	ल	◌ु	प	क	न	◌े
र	श	◌्	ल	क	◌ं	ब	ल	ब	ज	ल	◌्	द	◌ी	◌ा
◌े	य	र	म	ए	ि◌	म	◌ा	क	न	श	◌ा	द	◌ी	इ
व	◌्	◌ा	◌ा	च	ट	ि◌	प	◌्	प	ण	◌ी	◌े	स	र
◌ा	ि◌	ड	◌ी	द	◌ा	◌ा	म	ज	क	◌ी	द	ल	म	न
◌्	◌ी	क	स	◌ू	◌ू	र	ड	◌ा	इ	व	ि◌	◌ं	ग	ल
च	◌्	स	म	र	उ	न	◌ी	◌ी	च	ए	म	म	◌ा	ब

चीनी
इसलिए
बाधा
तथ्य
डाइविंग
ब्रश
परीक्षण
टिप्पणी
प्लास्टिक
तीन

दया
दूर
देश
घुटने
पेंचकश
फिट
सीमा
कर्मचारी
शादी
जल्दी

Puzzle 47

श	ड	ल	ट	क	न	◌ा	◌ि	र	ड	ग	भ	ग	ल	व
◌ा	ट	ल	न	◌े	◌ा	ट	त	◌्	स	द	र	ब	ज	क
र	झ	◌े	◌्	र	◌़	◌े	◌ू	ल	ढ	◌ा	◌ी	◌ी	न	◌ी
◌्	अ	◌्	न	◌ू	ढ	◌ा	श	थ	◌े	य	◌े	◌़	ब	ल
प	उ	◌ा	◌े	◌ि	च	क	श	◌ा	प	◌ॉ	च	ढ	◌ो	◌ी
न	◌ा	ट	◌ी	छ	स	क	◌ि	च	न	◌े	ग	ब	प	श
र	श	◌ी	ह	स	म	झ	◌ा	घ	◌ं	◌ू	स	◌ा	◌ा	ब
क	र	ण	म	ज	◌ा	क	◌ा	ल	◌ि	च	ग	◌्	◌ी	आ
◌ं	◌ा	र	◌ि	◌े	ज	◌ै	ड	◌ं	◌ु	झ	ह	द	ट	ह
य	ल	र	ल	◌ा	◌्	◌ी	◌ा	ब	◌ो	ड	ढ	◌ा	◌ू	◌ा
भ	व	य	◌े	ह	न	ज	भ	◌ा	◌ि	व	◌्	र	◌ा	क
◌े	थ	उ	◌्	उ	◌ा	◌े	◌ं	ई	र	म	आ	◌ो	◌ी	ह
◌ॅ	क	◌े	म	ल	य	स	ल	◌ि	ब	ल	◌्	न	◌्	र
र	व	◌ा	◌्	◌ु	क	◌े	न	ग	◌ू	न	न	श	◌़	क

टेनिस
चढ़ना
शार्पनर
चेरी
गरीबी
लटकना
लगभग
विभाजन
समझा
महीने
झुंड
लंबाई
याद
सूंघ
वकील
किचन
बढ़ी
भयंकर
टूथपेस्ट
जबरदस्त

Puzzle 48

प	◌ू	क	क	◌्	न	न	◌ा	क	न	ल	।	र	◌ा	र
ग	ड	म	◌ू	ल	ल	व	म	व	◌ं	प	ण	न	आ	◌ा
◌ु	क	◌़	ग	श	त	न	◌ा	ल	◌ो	स	क	◌ी	◌े	ग
ड	य	ल	◌ो	◌ी	उ	स	स	ल	◌्	ल	◌ो	द	ट	न
◌़	क	◌ी	◌ं	स	ह	ग	◌्	◌ी	स	◌्	ट	◌ै	◌ं	ड
◌ि	◌ा	◌ी	◌ो	र	◌ी	◌ी	ट	ग	ण	◌ु	◌ि	ण	न	प
य	ल	ब	ल	उ	म	ल	र	◌ं	र	◌े	ष	आ	◌ि	◌ा
◌ा	◌ा	◌ा	न	ह	◌ा	◌ा	◌ी	उ	व	◌्	◌्	क	◌ा	ह
च	म	◌े	स	◌ी	◌ि	◌ा	◌ि	ण	य	र	◌ृ	◌ा	थ	ग
स	ड	◌ं	घ	न	त	म	आ	ख	◌ा	न	द	श	◌ु	ल
द	◌ृ	श	◌्	य	◌े	◌ा	◌ं	◌े	◌्	र	◌ा	क	त	च
च	◌ा	श	प	ण	ख	प	र	◌ू	र	◌ा	◌्	प	◌ा	न
◌े	म	स	स	◌ा	य	प	द	स	प	त	प	प	◌ा	र
◌ु	◌ा	घ	म	म	य	◌ा	क	ल	ल	◌े	क	◌ा	ग	ज

दृश्य
गुड़िया
दृष्टिकोण
पर्यावरण
कूप
खेत
लोगों
आकाश
उंगली
तिमाही
पड़ोसी
मास्टर
सूखे
गीला
कागज
स्टैंड
काला
प्रणाली
स्टील
प्रारूप

Puzzle 49

ट	द	◌ी	ख	म	◌ा	◌ी	क	◌े	ध	स	ज	ब	◌ू	◌ा
म	व	◌ं	र	त	◌ा	◌ा	ग	ल	◌ं	क	◌ै	य	न	र
स	ड	ग	द	ड	र	◌्	◌ो	ब	श	◌ं	ल	◌ा	◌ा	◌े
◌ा	◌ौ	◌ा	◌ु	क	◌े	न	ख	◌्	क	म	क	◌ि	व	स
◌ि	◌ु	य	◌ा	द	◌ा	◌े	◌ा	प	र	ख	◌े	ल	ड	ल
त	क	त	ह	◌ि	म	क	स	क	ई	◌ी	य	क	स	ट
द	आ	ल	ब	ल	ह	◌ं	◌ा	◌ा	न	र	न	◌ि	◌ं	ए
व	म	◌ि	च	उ	द	◌ौ	द	◌े	र	◌े	◌्	श	ह	◌ी
न	◌ु	क	स	◌ा	न	भ	◌ं	ह	ड	ब	र	◌्	◌ा	र
◌ू	स	व	त	ब	◌े	ह	म	◌े	श	◌ा	ब	◌ु	◌ं	ज
ल	ब	च	◌ु	◌्	च	◌्	क	त	स	ब	र	म	ल	र
त	◌े	ख	◌ौ	उ	◌े	◌्	◌ि	ल	छ	◌्	ष	आ	ख	प
प	क	◌्	श	र	ब	न	◌्	◌्	म	◌ु	छ	◌ू	र	◌ि
ल	◌ै	◌ा	ख	व	प	◌ू	क	म	E	ग	◌्	द	थ	◌ो

बेचने
बोर्ड
बाउल
पसंद
मक्खन
गुब्बारे
पतलून
खेल
बैंक
हमारे
मुश्किल
हमेशा
कमंद
भौंकने
रबर
नुकसान
बहादुर
लगातार
खतरनाक
लिया

Puzzle 50

◌ु	◌ै	न	प	द	म	त	क	◌ि	ध	अ	◌ु	ख	फ	◌े
ष	◌ं	स	त	द	◌े	ब	म	त	श	प	य	◌ु	व	न
ल	ज	◌े	ल	◌ी	ट	◌ा	च	स	ग	न	◌ा	◌े	◌्	◌े
प	न	ण	क	◌ि	प	◌ि	न	ड	◌़	◌े	भ	स	व	ज
◌ि	स	◌ि	◌ा	ह	र	◌ा	म	अ	◌ा	त	म	क	◌ा	◌ु
न	ह	◌ा	ट	न	◌ि	त	न	म	◌्	त	द	◌्	र	य
ब	◌ा	ल	न	◌ी	द	म	◌्	प	व	◌ी	◌्	द	◌ा	र
च	स	ऽ	◌े	आ	र	◌्	◌ा	य	न	न	ब	◌ा	◌ा	त
◌ु	◌ा	स	◌्	ह	ब	य	र	फ	◌ी	◌ौ	श	व	क	र
◌्	आ	◌े	◌ि	◌ि	◌्	स	व	ग	ज	◌ु	ग	◌ा	स	स
ख	◌ो	ल	क	र	र	र	◌ा	◌ी	◌ं	च	ष	प	ध	य
◌्	श	ल	प	ख	◌ा	च	◌ी	न	न	◌ी	श	स	◌्	ब
◌े	◌ु	◌ि	◌े	◌ा	य	अ	द	ष	ज	ब	स	◌ी	◌ी	र
र	◌ा	ज	◌्	◌ा	◌ा	◌े	म	आ	इ	◌ू	झ	प	क	◌ि

आदत
जेली
पर्याप्त
अपने
खोल
चमक
गर्दन
शब्द
पिन
द्वीप

बाल
बीच
रहा
चुनौती
दीवार
फव्वारा
भेड़
अधिकतम
काटने
वापसी

Puzzle 51

ख	ग	◌ी	◌ि	य	क	◌ी	◌्	क	च	◌ि	स	◌ा	◌ि	प
र	◌ि	◌ृ	ह	न	◌ं	ह	म	◌ी	◌्	◌ी	ज	ब	◌्	म
◌ी	◌ि	झ	◌ा	त	ग	◌ा	ट	न	ट	◌ी	◌ो	र	प	◌े
द	◌ो	◌्	◌्	क	◌ा	◌ं	स	क	◌ो	त	◌ा	द	द	ज
न	ग	◌े	ट	ज	र	न	◌ा	त	च	भ	◌ी	◌ं	त	र
◌े	च	◌ी	◌्	◌्	◌ू	र	क	म	ग	◌ा	क	ब	◌े	◌ि
◌ं	◌्	◌ि	ट	◌े	र	◌्	य	श	◌ु	ल	◌ा	ग	◌ू	ग
स	◌्	स	र	प	ठ	स	न	◌्	ब	फ	फ	◌ा	ज	न
◌ा	स	ट	स	ह	ध	उ	◌्	म	र	स	ह	ड	प	त
ह	◌े	त	र	च	क	◌ी	◌ं	म	◌ै	स	अ	ड	श	आ
ब	श	ब	◌्	◌ा	ब	◌ी	◌ा	ह	ल	◌ा	ग	र	च	क
फ	श	◌ी	क	ज	स	न	ट	ड	◌ा	◌ि	◌़	◌ा	च	न
स	म	◌ा	न	इ	ट	◌ा	ल	◌े	◌ं	◌े	व	◌्	◌ा	द
◌ै	व	व	◌ा	E	र	◌ि	द	म	◌्	त	◌ि	त	र	ध

मांग
खरीदने
नर्स
रोटी
मेजर
गिर
गेट
बंदर
वेलेंटाइन
प्रभाग

चक्की
समान
साहब
कंगारू
सफल
सीट
गुबरैला
तकनीक
लागू
जूते

Puzzle 52

र	◌्	◌े	◌्	उ	व	प	ज	ख	ल	च	◌्	न	◌ो	ग
क	◌ा	फ	◌्	त	प	◌ि	◌ै	◌ी	ध	◌ौ	ग	◌ी	◌ो	र
◌ा	द	ज	ब	◌्	क	◌़	ड	स	◌ि	क	◌ा	य	ज	◌्
◌ं	◌ि	◌ा	◌ा	प	श	च	◌े	र	◌े	स	ह	◌ा	◌ो	ल
ट	श	म	◌े	◌ा	◌ा	न	◌्	◌ी	न	स	◌ा	अ	इ	क
◌ा	◌ा	स	◌े	द	◌ो	म	ज	अ	◌्	◌ी	◌े	ग	◌ि	।
च	न	म	य	न	◌ि	◌ि	ध	अ	य	◌ै	◌ा	◌ा	◌ौ	◌ि
व	◌ि	ब	स	व	अ	ट	त	◌ै	झ	◌्	र	झ	म	स
W	र	र	◌ं	◌ि	ल	◌ा	ज	ह	◌ा	◌ं	स	◌़	ह	र
उ	◌्	म	◌्	य	अ	◌ि	च	क	◌ा	स	ल	स	◌ृ	श
क	द	◌ा	स	◌े	ल	व	स	◌ू	र	त	म	र	त	र
म	◌े	व	◌ॉ	झ	◌ो	ल	ट	◌ॉ	र	य	◌ा	प	◌्	◌ा
म	श	स	म	◌ा	ध	◌ा	न	◌े	त	◌ा	◌्	स	द	म
य	◌ा	◌्	◌ं	क	क	◌्	ल	स	स	◌ा	◌ा	ल	◌ा	उ

दस्ताने
सहयोग
लोहा
रोगी
अजमोद
चौकस
सड़क
उत्पादन
पैसे
समाज
कांटा
समाधान
विटामिन
सूरत
सीख
सेल
दिशा-निर्देश
जहां
राजा
अधिनियम

Puzzle 53

क	◌ा	◌ो	ग	◌ं	य	क	व	ल	◌्	व	ल	◌ो	न	श
ष	◌ा	◌्	क	क	◌ो	फ	र	◌ा	◌्	ग	क	प	ट	◌़
◌ी	◌ा	र	द	◌्	◌ं	च	म	◌्	ब	◌्	प	◌ा	◌ी	ख
◌ा	त	स	◌्	य	◌्	व	आ	◌ो	त	◌ं	◌ा	द	ट	प
म	ल	ष	ग	य	◌ो	◌्	द	उ	◌ं	व	न	स	◌्	न
आ	र	◌ो	प	◌्	क	ल	◌ो	◌ि	र	ल	◌्	स	◌ु	◌ा
स	◌ि	न	◌े	म	◌ा	◌्	◌ू	ख	र	श	च	य	छ	◌ा
ट	क	◌ं	स	र	ख	◌ो	र	म	◌ा	ल	क	क	◌ा	◌ि
◌ो	◌ी	◌्	◌ा	न	अ	◌ि	◌ं	म	◌ि	व	◌ि	म	◌ा	न
क	श	ब	◌्	द	क	◌ो	ष	द	◌ि	◌ा	य	र	◌ा	◌ा
र	ह	◌ा	ल	◌ा	◌ं	क	◌ि	प	◌ु	र	◌ु	ष	◌ो	◌ं
◌ी	◌ं	ज	ई	◌्	◌ि	◌ं	न	ल	◌ी	◌ा	◌ा	झ	◌्	म
ढ	त	द	म	◌ू	द	ब	व	र	◌्	◌ी	◌्	क	र	र
प	◌ै	र	◌ा	◌ा	◌ा	र	◌े	स	ड	◌ू	द	र	◌ू	त

हालांके
ग्राफ
चंद्र
दिलचस्प
पुरुषों
दांत
पैरा
विमान
शब्दकोष
छुट्टी
नरम
टोकरी
सिनेमा
आरोप
संकट
व्यस्त
कर्तव्य
उद्योग
कार्यक्रम
कक्षा

Puzzle 54

र	व	◌ो	व	क	◌ी	र	◌ा	◌ै	त	ब	म	ट	इ	आ
◌ा	च	ट	◌ं	त	◌्	य	◌ा	◌ा	ल	◌्	स	◌ी	◌ू	◌ो
क	◌े	र	त	◌्	य	◌ं	◌ं	स	स	र	◌ि	र	र	न
◌ा	◌्	ज	प	◌ा	ग	प	व	◌ि	◌ि	◌ा	ल	◌्	ध	◌ी
ट	च	◌ा	◌ि	◌ी	उ	◌ा	क	ब	◌ं	च	◌ा	◌ा	न	◌ी
स	ब	त	थ	र	ह	ल	श	म	◌े	◌्	ई	प	◌ा	◌ा
◌्	य	◌ं	◌ा	◌ा	◌ो	य	◌ा	◌ा	प	◌ी	प	◌्	◌ु	च
म	क	इ	◌्	क	त	◌ा	उ	द	◌ा	ह	र	ण	श	◌ि
त	र	◌्	स	◌े	र	ल	ब	◌ि	य	त	ग	◌ु	ध	म
छ	न	◌ा	न	ज	ह	क	◌ा	न	◌े	म	◌ा	स	ल	ल
र	◌ी	क	◌ा	च	◌ि	◌ा	र	प	न	फ	र	त	◌्	◌्
◌ी	न	◌ो	न	प	य	म	◌ा	म	श	◌े	◌्	ण	◌ं	◌ा
◌ि	◌ा	◌ो	प	उ	र	क	र	र	◌्	ल	त	◌ी	द	स
◌्	◌ि	ब	व	◌े	◌ी	उ	◌्	क	◌ा	व	अ	◌ा	ब	प

स्थापित
तैराकी
नफरत
मारा
पेंसिल
आइटम
कान
पाया
सामने
बच्चे
उदाहरण
तरह
संयंत्र
चुप्पी
इंतजार
रेस
किस्म
पार्टी
टंक
सिलाई

Puzzle 55

र	ह	ध	च	म	ल	र	क	न	ज	अ	◌ो	य	न	स
◌्	न	इ	◌ा	ल	◌ं	र	◌ा	◌्	ल	द	म	ह	◌े	◌ु
क	र	◌ि	ल	व	र	◌ं	न	ज	◌ं	इ	ष	र	◌ा	व
अ	◌ा	◌ि	क	◌ा	◌ि	त	◌ू	द	व	ज	स	प	न	◌ा
◌ा	न	◌ी	ख	◌ु	द	◌ु	न	◌ा	म	◌ू	घ	म	स	E
च	आ	◌ा	न	य	◌ा	◌े	स	◌ं	ग	श	अ	◌ं	ब	◌ौ
◌ा	◌्	त	त	◌्	क	◌ा	ल	◌ि	क	ब	◌ा	श	र	◌़
◌ु	◌ा	न	क	न	◌ा	◌ि	ट	◌ि	◌ं	अ	◌ा	ज	◌्	स
◌ि	च	म	◌ा	◌्	ब	◌ै	ठ	◌े	म	न	इ	च	द	प
◌ा	न	◌ि	न	◌्	ह	प	◌्	◌ा	न	म	म	◌ा	◌ा	प
◌े	ब	म	ल	ड	◌़	क	◌ि	य	◌ो	◌ं	◌ा	◌े	श	◌ि
प	◌ी	◌़	ड	क	क	अ	द	◌ा	ल	त	र	न	◌्	क
ट	र	ग	◌ि	ल	◌ा	स	◌्	न	त	झ	त	◌ा	त	द
◌ा	ग	र	◌े	ज	न	◌ा	ब	◌ा	श	क	न	अ	◌ू	क

चालक
कानून
घूमना
ककड़ी
सपना
बैठे
टीम
तत्काल
गरीब
इंजन

दुख
सुविधा
नाश
लड़कियों
युवा
इमारत
गिलास
बर्दाश्त
लाइन
अदालत

Puzzle 56

व	◌ि	न	◌ा	श	◌ु	प	र	श	म	◌ा	◌ा	व	व	अ
अ	न	श	ल	क	ल	आ	न	उ	म	◌ा	◌ी	य	◌्	न
य	ट	◌्	न	◌ि	न	◌्	प	न	क	◌ा	◌ु	स	य	◌ु
म	◌ा	◌ा	◌ि	क	र	ह	द	ल	◌ा	◌ु	स	◌्	क	क
त	न	ग	ब	प	◌ा	क	व	ज	◌ू	र	◌ी	क	◌्	◌ू
ग	ई	◌ो	स	र	◌े	◌्	◌ृ	य	◌्	व	ख	◌ा	त	ल
◌ी	र	र	व	र	◌ा	◌ि	द	◌ा	त	◌ा	◌े	◌ा	◌ि	◌ी
◌ं	◌ा	ह	य	◌ृ	द	ण	◌्	◌्	त	म	◌ो	◌ा	◌ु	व
स	◌्	ट	च	◌्	त	र	ध	ब	र	◌ो	र	◌ा	◌ो	ब
ग	◌ा	◌ा	◌ा	य	श	◌्	◌ि	◌े	◌ा	स	◌ु	व	म	◌ा
◌ा	श	◌ी	प	र	च	क	त	◌ा	ध	◌ो	क	◌ो	व	न
◌ा	◌ी	ज	क	ष	म	◌ी	◌ू	◌ि	ख	◌ा	◌े	ल	ह	प
ब	◌े	द	आ	न	ठ	◌ं	◌ो	ह	र	ब	उ	ल	◌ि	◌ी
◌ा	र	उ	अ	स	◌्	स	ग	त	◌ि	व	◌ि	ध	◌ि	य

ब्याज
उपहार
सोमवार
पहले
बुखार
होंठ
वयस्क
मनोवृत्ति
विनाश
व्यक्ति
यहां
संगीतमय
संकीर्ण
रोग
वोल
गतिविधि
अनुकूल
रसोई
वृद्धि
जूरी

Puzzle 57

प	◌्	र	त	◌ि	भ	◌ा	◌ा	अ	आ	ट	व	◌ी	◌ी	◌्
अ	◌्	ग	य	ऊ	◌ं	च	◌ा	ई	◌्	ब	◌ि	व	र	र
क	क	◌ू	◌ं	◌ा	क	◌ा	छ	ष	◌ि	क	न	◌ा	ट	न
◌े	द	◌ं	◌्	◌ो	ख	ज	◌ि	◌्	◌ै	◌ो	म	स	◌ौ	म
म	◌ौ	अ	त	न	त	श	ल	◌्	न	◌ै	◌्	ब	द	क
स	र	प	अ	स	प	◌ा	ग	त	र	ग	र	◌ि	प	◌ा
◌्	◌ा	र	र	अ	ल	ख	◌ु	द	त	◌्	व	र	◌ि	त
◌ा	न	◌ा	र	र	ट	◌ी	ण	व	◌ि	न	◌ि	य	म	न
म	न	श	द	ल	क	◌्	◌ा	स	र	ल	त	◌ा	य	ज
ज	न	◌ि	◌ा	र	◌़	क	◌ं	च	◌ी	स	◌ू	◌ु	न	अ
◌़	◌ा	ब	च	व	आ	म	न	◌ि	म	ग	त	◌े	म	न
◌ा	त	र	क	छ	◌ा	स	◌ा	ल	य	छ	◌ी	त	ल	◌ो
क	प	न	म	◌ा	◌्	◌ा	◌्	◌ि	◌ा	र	त	य	◌ा	◌ा
अ	◌ि	◌ी	न	ल	ग	प	त	क	◌्	◌े	र	उ	इ	द

राशि
अंगूर
दौरान
विनियमन
मेकअप
मक्खी
मौसम
अनुसूची
बिल्ला
प्रतिभा
अत्यंत
अपशिष्ट
ऊंचाई
तीतर
चालीस
त्वरित
मज़ा
गुणा
विनम्र
सरलता

Puzzle 58

ल	◌ा	छ	ट	ब	स	स	◌ू	म	य	श	◌ॅ	त	य	प
◌ै	◌ि	◌ं	न	◌ि	च	◌ै	झ	ह	◌ा	ज	र	र	य	◌्
न	◌े	म	न	म	ल	न	ष	ज	व	ट	प	अ	न	र
प	◌ा	म	◌ा	प	र	◌ि	र	आ	◌े	◌ं	छ	श	◌ि	त
र	म	ल	◌ा	य	◌ो	क	◌्	◌ं	◌्	ल	प	◌े	र	◌ि
द	◌ृ	ष	◌्	ट	◌ि	◌्	क	◌ै	◌ा	◌े	च	न	◌्	द
ल	त	◌ू	◌्	व	र	◌ि	ष	ब	ट	◌ी	◌ं	घ	य	◌्
◌ं	स	◌ा	ध	फ	◌ा	र	◌्	म	न	प	ब	र	◌ा	व
म	◌े	ज	ब	◌ा	न	स	◌ि	श	र	◌ा	ब	◌ा	त	◌ं
◌ि	◌्	◌ा	◌ं	ज	न	ख	न	◌ि	◌े	न	स	◌्	व	द
य	प	प	◌ं	◌ी	◌े	◌्	◌ो	न	स	◌ा	फ	◌़	न	◌्
ल	ड	◌ं	स	◌ं	उ	च	◌्	च	◌ा	र	ण	ध	◌ा	व
ड	झ	◌़	◌ी	◌ा	स	ह	प	र	ह	◌ि	◌्	◌े	◌ा	◌ी
उ	द	◌ा	र	त	◌ा	प	त	◌्	त	◌ि	य	◌ा	◌ं	क

कोयला
मेजबान
फार्म
घंटी
जेल
प्रतिद्वंद्वी
पेंट
नीचे
निष्कर्ष
शराब
उदारता
उच्चारण
माप
मूस
साफ़
सैनिक
पत्तियां
दृष्टि
निर्यात
संबंध

Puzzle 59

स	ज	त	प	◌ा	प	स	◌ू	◌्	ह	◌ू	म	स	द	त
ज	◌ा	क	ि	◌्	◌ं	◌ा	श	◌ं	थ	ई	◌ो	◌े	ि	◌़
म	◌ा	◌ो	ल	ि	ध	◌ा	श	द	◌ौ	◌ा	न	त	श	थ
घ	र	◌ा	क	प	द	ग	ध	ष	ड	◌ा	◌ा	L	◌ा	ि
प	ग	व	◌ा	◌ा	व	न	◌ु	र	◌़	◌्	ञ	च	ओ	च
ख	ट	त	म	◌े	क	य	स	◌ा	◌ा	ध	आ	उ	◌ं	ब
य	ष	◌्	ि	व	भ	ि	न	प	◌े	य	ि	त	◌्	ड
प	◌ु	त	ट	छ	र	न	र	क	◌ा	व	◌ी	◌्	स	अ
आ	ह	ि	च	◌ी	◌ा	ब	त	ड	ल	◌ा	व	स	◌ा	द
म	◌्	◌्	◌ी	व	च	य	घ	◌ी	◌ं	स	र	◌ु	ि	◌्
ि	च	स	◌ं	◌ु	प	ल	◌ा	◌ा	त	क	य	क	म	ल
ष	र	अ	◌ै	ज	उ	ग	न	क	ल	◌ी	ई	ल	ल	◌ो
ट	ण	र	क	स	◌्	◌ं	स	◌ा	ट	E	◌ी	म	◌ी	आ
◌्	क	◌्	प	◌्	क	ज	◌्	त	ड	◌ं	म	त	द	◌ा

आस्तित्व
जंगल
आधा
संस्करण
हथौड़ा
पट्टी
समूह
छाया
ताक
नाव
सवाल
ताला
उपचार
संघीय
नकली
अस्वीकार
उत्सुक
भविष्य
दिशाओं
कैंची

Puzzle 60

◌्	व	त	◌ा	◌्	ख	ह	◌ू	◌ॅ	न	ग	र	न	◌ी	य
◌ा	◌ा	◌ा	प	◌्	र	क	◌ो	◌्	स	ह	◌ा	ल	◌ा	◌ा
ग	क	◌े	न	◌ा	◌ा	म	म	फ	ल	◌ा	व	ज	◌ि	र
श	श	त	ब	◌्	म	◌ू	◌ा	◌ा	◌्	◌ा	त	क	◌्	◌्
र	च	ब	म	उ	◌ै	◌्	न	म	द	ल	◌ा	द	◌ं	ड
◌ो	य	श	◌्	स	क	◌ा	ल	◌्	द	◌ा	◌ै	ग	◌ि	त
◌ि	र	◌ी	◌ु	◌ं	ल	म	ब	स	◌ं	◌ो	म	ट	स	◌ै
म	क	◌े	च	न	◌ा	श	◌्	त	◌्	झ	ज	◌ा	◌ु	उ
फ	◌ो	ट	◌ो	ग	◌्	र	◌ा	फ	म	◌ा	उ	ह	ब	प
◌ं	◌्	उ	म	◌्	म	◌ी	द	व	◌ा	र	ल	◌े	ह	ल
च	न	प	ज	र	◌ा	◌ा	न	◌ि	ख	ज	◌ा	न	◌ा	ब
ल	छ	ल	◌ि	ख	र	◌े	ध	◌े	◌ं	अ	◌्	र	व	◌्
◌ं	◌्	◌ू	◌ू	◌े	श	स	◌ू	◌ं	ल	त	ब	ह	व	ध
क	◌ै	स	◌े	◌ं	◌ा	म	प	◌ा	प	ष	ख	ठ	◌्	य

फ्लैट
माना
बारह
फोटोग्राफ
उम्मीदवार
चुम्बन
रखें
अंधेरे
ब्लाउज
यार्ड

धूप
कैमरा
शब्दावली
सुबह
उपलब्ध
स्कोर
नाराज
ठहरने
कैसे
खजाना

Puzzle 61

र	क	र	◌्	◌ा	म	ह	◌ा	ख	स	◌ा	श	◌ा	ल	र
◌ि	न	ढ	ब	◌्	◌ा	◌ा	◌ु	◌ो	क	च	ब	◌ि	र	◌े
स	◌े	र	◌ं	द	◌ा	म	व	◌ा	त	◌े	न	न	र	◌़
◌ा	क	◌ि	◌्	◌े	र	क	अ	◌्	न	◌ं	◌े	च	र	झ
व	◌्	झ	त	◌्	म	त	न	ञ	◌ा	◌्	ज	ज	ध	◌ि
◌ा	श	स	प	ज	न	◌्	◌ु	ड	◌्	थ	◌्	◌ा	◌े	प
र	न	ख	◌ू	◌ा	न	थ	भ	न	स	◌ा	◌ि	च	◌ा	◌ा
ह	व	ल	क	ह	ब	ई	व	स	◌ी	W	द	उ	र	ग
ठ	क	◌ा	ष	ज	◌ी	◌ा	ज	◌ी	ल	ल	◌ा	स	ए	◌ा
ष	प	◌्	र	◌े	र	ण	◌ा	◌ं	र	◌़	द	च	र	च
◌्	◌ि	◌ा	◌्	◌ं	◌ू	श	◌ु	न	ड	स	◌ी	श	च	म
◌ृ	◌ी	◌्	◌ी	ढ	द	◌ं	◌ि	क	च	◌ा	◌ं	म	र	◌ो
प	◌ा	व	श	त	◌्	र	◌े	ल	◌ा	◌ि	स	र	ढ	◌ौ
त	◌ा	◌ं	ब	◌ा	◌ं	क	न	न	ल	क	प	◌ं	ब	ठ

कनेक्शन
पसंदीदा
रिसाव
दूरबीन
ज्ञान
पृष्ठ
नाखून
प्रमुख
स्नातक
कत्थई
केकड़ा
साल
मार्कर
मेंढक
जहाज
शीर्षक
तांबा
प्रेरणा
ठहराव
अनुभव

Puzzle 62

ढ	र	स	◌ा	न	◌ू	◌ा	र	◌ी	◌े	◌ा	प	र	र	द
र	ट	ख	ब	त	त	◌ा	ल	ण	र	ध	◌्	द	उ	र
ल	म	क	◌ा	प	व	◌ो	अ	प	◌ॉ	ग	र	व	प	◌्
◌ि	न	◌ी	क	क	क	त	ल	व	◌ा	र	त	◌ो	च	◌ू
न	◌े	ठ	◌ु	◌ो	ल	ल	ड	◌़	क	◌ा	◌ि	प	र	न
ल	◌ो	◌्	र	प	◌्	र	ग	त	◌ि	क	ब	◌ी	न	द
◌े	◌्	◌्	म	◌ै	ल	◌ा	र	◌ो	त	म	◌ि	◌ा	◌ा	न
स	ब	र	◌े	◌ं	ज	अ	र	ल	स	त	◌ं	च	य	च
आ	◌ं	उ	स	क	◌ी	◌ं	व	◌ं	◌े	◌्	ब	◌ा	◌ं	◌्
ल	र	भ	◌ृ	◌ा	क	◌ं	झ	◌ा	◌ो	न	◌ि	न	य	◌ं
ग	ड	फ	व	भ	◌े	ड	◌़	◌ि	य	◌ा	त	◌े	स	◌ा
आ	व	श	◌्	य	क	त	◌ा	न	◌ि	व	म	ज	◌े	◌ू
स	◌ौ	द	◌ा	◌े	द	◌ा	◌ो	◌्	ड	◌ा	य	च	च	ख
भ	◌ा	ग	◌्	य	श	◌ा	ल	◌ी	न	भ	त	उ	क	ग

प्रगति
रेंज
तलवार
उसकी
मैला
ठीक
भावनात्मक
पतन
पाक
मटर
प्रतिबिंबित
रखा
लड़का
संभव
ब्रोकोली
सौदा
भेड़िया
आवश्यकता
उद्धरण
भाग्यशाली

Puzzle 63

र	व	ध	◌ू	◌ं	क	◌ा	द	छ	त	श	न	म	◌े	◌ं
थ	◌े	◌ा	ल	त	◌्	◌ा	ह	क	र	द	◌ा	◌ा	र	◌ा
◌ि	◌ं	स	क	◌ि	य	ट	त	◌ु	ग	◌ि	ल	ह	र	◌ी
◌्	त	न	◌्	◌्	व	ह	◌ा	◌ं	◌ा	ख	ब	म	ल	स
स	◌ा	स	ष	ट	◌ा	क	◌े	ल	न	र	◌ा	◌ा	◌ा	◌ं
अ	स	◌्	द	च	◌ो	क	न	◌ॅ	स	◌ी	न	◌्	च	क
फ	क	न	◌ा	य	भ	र	र	◌ा	◌ू	द	त	य	य	◌्
ल	◌ा	श	व	ड	◌ा	ग	◌े	न	च	◌ा	◌ा	क	ऊ	ष
◌ू	आ	◌ा	र	स	य	म	न	◌ं	◌ी	र	◌ा	र	◌ै	◌े
ध	क	◌ि	◌ि	◌ि	ल	◌ि	ड	ग	ट	क	छ	◌ु	आ	प
◌्	म	न	ष	र	त	त	◌़	य	थ	◌ा	स	◌्	◌ं	स
◌ो	य	थ	◌्	स	◌्	व	◌ा	◌्	स	◌़	त	ब	◌ो	क
द	न	र	ठ	◌़	म	◌ो	ह	ब	◌ि	◌्	श	◌ा	◌ू	अ
◌ी	प	◌ि	ब	य	क	र	प	◌्	म	आ	◌्	◌ा	त	त

खरीदा
वरिष्ठ
वहाँ
गिलहरी
कछुआ
लक्ष्य
कोच
सबूत
निशान
नेता

धूल
स्वास्थ्य
संक्षेप
रेस्टोरेंट
सूची
भयानक
संस्था
अस्थिर
सातवें
पहाड़

Puzzle 64

स	ं	ग	ी	त	व	्	य	ा	य	ा	म	प	न	्
ट	ू	थ	ब	्	र	श	ग	त	ि	ब	्	ि	ा	त
म	न	द	ा	त	ा	ह	श	ब	ी	ा	्	च	व	ल
े	ु	श	ु	ष	्	क	ा	़	ड	र	म	ु	ा	ज
्	ब	क	क	र	े	ग	ा	य	ल	ी	य	ल	भ	क
र	्	्	ु	न	ि	र	्	द	े	श	क	ग	र	ा
व	ो	य	स	ट	्	ग	य	ं	ा	त	र	े	ड	्
न	न	न	म	्	फ	ो	र	व	ग	य	प	ल	स	ज
ा	ं	र	न	म	स	क	ा	घ	ै	स	ं	द	े	श
े	र	े	ड	स	ा	क	्	न	स	े	ि	ज	आ	ज
त	़	ी	ो	ग	्	ो	म	े	ि	द	ी	ु	ा	ा
र	ज	त	ं	क	ा	फ	ट	श	े	ा	र	ि	्	त
ु	न	ब	ि	ो	र	े	्	ग	ब	ी	ग	ग	ा	म
ं	द	स	व	ल	य	श	प	्	े	।	ल	ं	ख	ू

करेगा
बारी
व्यायाम
गति
घने
गैस
भावना
मुकुट
निर्देशक
रोबिन
सिक्का
पाल
शुष्क
संगीत
विंडो
नज़र
ग्रे
जिसे
टूथब्रश
संदेश

Puzzle 65

ड	◌ि	ल	भ	ज	उ	न	झ	◌ा	◌ं	र	न	व	ल	द
◌ं	◌े	◌ि	ल	◌ा	क	◌ा	र	◌ू	घ	◌ा	◌ं	◌ो	घ	र
अ	म	◌े	र	◌ि	क	◌ी	र	ग	म	ध	र	न	र	◌ृ
ग	र	◌ा	◌ृ	ग	◌ा	र	ड	प	य	उ	र	प	◌ा	प
◌ु	र	ल	◌ु	ई	◌ृ	◌े	अ	उ	त	र	◌ा	◌ी	स	ण
ह	◌ा	E	द	न	क	◌ि	न	◌ा	क	क	उ	ब	◌ृ	◌ै
◌ा	क	द	प	क	ध	द	◌ृ	स	◌ि	र	◌ृ	प	त	◌े
म	◌ु	क	◌ृ	क	◌े	ब	◌ा	ज	◌ी	प	र	◌े	◌ा	र
स	◌ी	च	◌ृ	द	स	◌ृ	व	त	◌ं	त	◌ृ	र	त	◌ा
◌ी	◌ु	स	◌े	◌ृ	आ	◌ृ	य	ल	◌ू	◌ृ	ल	उ	◌ृ	ण
अ	न	छ	◌ं	त	◌ं	र	क	◌ा	◌ृ	ध	◌ि	क	ड	न
ग	◌ृ	व	ल	◌ू	स	र	घ	ह	न	◌ृ	◌ा	य	फ	◌े
◌ि	◌ा	र	ट	◌ू	ट	◌ृ	◌ा	र	द	◌ि	प	◌ौ	ल	म
◌ृ	◌ि	य	◌ो	म	र	य	द	◌ू	च	द	ल	र	ल	◌ो

उतर
हालत
मुक्केबाजी
काल
गाय
अमेरिकी
छेद
दुर्लभ
टूट
रास्ता
प्रसिद्ध
धक्का
अपमान
परे
घोंघा
गुहा
दर्पण
स्वतंत्रता
उधार
उल्लू

Puzzle 66

◌ो	प	ल	ह	ड	ख	◌ौ	क	ण	ह	◌़	प	ध	स	◌ि
प	त	ल	◌ि	ज	◌ा	न	व	र	◌ो	◌ं	क	◌़	◌ै	व
◌ो	◌ा	क	अ	न	ल	स	द	◌ि	ल	स	◌्	व	◌ं	◌ि
स	ब	◌ौ	क	ह	◌ो	ल	◌ौ	ह	◌ू	◌ु	ष	क	ड	ष
ज	◌ौ	◌ा	◌े	भ	◌ा	◌ा	ग	◌्	न	◌्	◌ि	◌्	क	य
र	◌ौ	छ	ल	र	ह	◌ा	र	◌्	प	◌े	य	ल	◌ै	स
◌ं	◌ू	त	◌े	म	ह	◌ा	व	र	प	क	◌ो	ब	स	क
प	◌ौ	ध	◌ो	◌ं	य	न	व	अ	◌ै	ह	◌ं	थ	ल	◌्
प	◌्	र	क	◌्	र	◌ि	य	◌ा	W	◌ा	◌्	ब	द	र
ण	र	म	स	म	◌े	ज	ल	◌्	द	ब	◌ा	ज	◌ौ	◌ि
ई	◌ौ	त	व	द	◌्	म	◌ौ	ई	न	◌ा	य	ज	द	य
◌ु	न	द	◌ौ	व	◌ु	◌ा	W	◌्	झ	स	र	क	र	र
क	न	श	◌ृ	ध	श	स	◌्	◌ि	न	◌्	व	◌्	◌्	त
उ	प	स	◌्	थ	◌ि	त	◌ि	◌ा	◌ा	◌्	◌ं	◌ु	ख	च

प्रक्रिया
हिरण
जानवरों
कहा
होली
पौधों
विषय
सक्रिय
अकेले
विदेशी
प्रहार
पक्षियों
पता
जल्दबाजी
उपस्थिति
जबकि
परवाह
सैंडकैसल
सूर्यास्त
क्लब

Puzzle 67

च	◌े	ह	र	◌ा	ड	स	◌ं	त	च	◌ी	त	◌ा	ब	श
ख	क	◌ा	त	◌ृ	छ	◌्	◌्	स	◌ि	त	◌ा	र	◌ो	◌ं
◌ा	◌ि	◌़	◌्	ह	◌ा	द	र	ट	म	द	य	प	य	प
त	र	ह	◌ि	त	◌ा	अ	◌ी	◌ा	◌ी	र	◌ा	◌्	◌्	◌ा
◌ा	◌ा	न	च	व	◌ा	◌े	स	च	इ	म	ह	र	य	त
◌ो	य	ग	य	म	श	◌्	अ	क	◌ा	व	स	क	◌ि	◌ि
य	◌ा	◌्	झ	◌ै	◌े	स	◌े	न	◌ा	ब	र	ट	◌ो	न
प	न	म	◌ा	त	◌्	र	व	स	◌ौ	◌ि	ड	◌े	◌्	ग
ध	प	◌्	र	श	◌ि	क	◌्	ष	ण	ल	त	◌े	त	प
त	स	◌ा	व	◌ा	◌ी	◌ि	◌्	◌ी	ल	◌्	व	ब	उ	◌ै
ब	उ	◌्	◌ा	◌ा	त	न	◌्	◌ो	ग	ल	स	श	क	त
◌ो	ल	व	◌ि	य	◌ृ	◌ा	◌े	द	स	◌ी	◌़	ड	क	ल
श	क	र	व	◌ी	र	स	◌ा	ट	स	ज	प	अ	ज	ट
क	र	य	र	◌ी	ट	◌्	ष	◌्	◌ा	र	त	क	◌े	◌े

खाता
बातचीत
बेटे
ड्राइवर
बिल्ली
रविवार
धन्यवाद
राष्ट्रीय
दोषी
सहायता
किराया
प्रशिक्षण
सेवा
चेहरा
प्रकट
सितारों
चित्र
लकड़ी
स्टीम
वर्तमान

Puzzle 68

च	आ	र	ट	र	्	क	्	स	ग	ल	्	अ	ो	उ
े	ा	ल	ं	ी	ा	ा	ल	स	र	श	्	न	ा	न
ी	ब	ा	य	ू	न	र	्	ा	्	ा	क	ु	ी	ी
र	ा	स	ू	द	ल	व	ी	स	म	ख	ध	क	्	न
अ	व	ध	ि	द	ग	र	आ	र	न	ा	ा	्	उ	श
ि	ज	ऊ	त	म	ल	ि	ै	द	प	ा	क	र	अ	े
य	ी	न	ा	प	न	ा	श	प	ा	त	ी	म	ि	ँ
ो	र	क	म	़	र	म	ी	ँ	द	ञ	म	क	ि	ए
ग	ल	े	र	ी	ै	ि	़	ा	क	ा	ै	न	न	द
ा	ा	स	व	च	प	ड	प	स	ं	्	न	ल	ग	ड
उ	न	्	ह	े	ं	़	्	त	ा	ज	ु	य	स	ा
व	न	ा	्	न	र	ौ	अ	र	्	ी	अ	ा	ष	र
ज	़	े	ा	क	ब	द	ध	र	म	र	ल	प	न	र
ा	ल	ल	े	त	ै	व	र	ब	त	क	ल	म	न	श

अनुक्रम
मैनुअल
किए
अवधि
ज्ञात
स्कर्ट
ड्रम
गर्म
उन्हें
दूरी
परिपत्र
पैर
साँप
मदद
दूसरा
मैच
योग
दौड़
जवाब
नाशपाती

Puzzle 69

◌ी	न	◌ृ	च	◌ि	न	◌े	य	◌्	य	क	र	प	◌े	◌ु
प	◌ा	न	◌ा	ल	◌ु	◌ा	◌ा	च	म	त	च	◌्	च	उ
ए	ल	र	फ	◌्	◌ा	◌्	◌ा	◌्	म	र	ह	र	ह	आ
छ	म	◌ू	◌ा	◌्	स	र	र	द	◌ा	◌्	◌्	स	क	उ
व	ल	व	◌े	क	◌ु	न	र	◌ं	त	◌े	उ	◌ा	◌ं	◌ा
ट	क	र	◌ा	न	◌े	◌े	ऐ	◌ी	◌ा	◌ं	◌ा	र	ल	◌्
स	◌ा	◌ी	प	◌़	ठ	स	स	न	◌ा	स	प	◌ि	अ	ड
◌्	न	◌ा	ट	◌ू	न	ब	◌े	न	◌ा	इ	ट	त	◌ं	त
र	स	भ	झ	ड	◌ा	स	◌ी	ल	◌ि	◌ॉ	प	त	त	◌े
◌्	◌ा	म	◌ा	स	◌्	क	ज	◌ि	स	क	◌ा	न	र	ज
ट	श	न	र	य	व	◌ि	क	◌्	र	◌े	त	◌ा	◌्	◌़
◌ु	त	फ	◌ु	ज	◌्	न	ल	श	द	च	◌ि	र	व	◌्
ग	क	◌ृ	◌ू	◌ा	च	अ	र	न	म	फ	◌े	◌ि	म	आ
ह	र	ष	ट	क	आ	ठ	त	र	◌्	ज	व	क	ख	ल

उच्चतम
ऐसे
ट्रस्ट
जिसका
नींद
टकराने
नाइट
पॉलिसी
सबसे
झूठे

प्रसारित
तीस
मास्क
फूल
अंतर
विक्रेता
भारी
तेज़
शासनकाल
केवल

Puzzle 70

म	य	◌्	ण	क	व	र	न	क	र	न	झ	ल	उ	◌ा
त	◌ा	◌ो	र	क	◌्	र	◌ॉ	स	क	◌्	◌ा	◌ि	◌ा	र
य	◌ो	ग	◌्	य	छ	◌ा	◌े	म	क	◌्	न	ख	ज	स
र	◌ै	ज	प	ज	त	क	क	ख	ल	◌ो	उ	न	च	ड
◌ि	छ	र	◌ू	◌ा	◌ी	ड	ब	ल	स	◌ी	ल	◌े	ब	च
◌्	य	ज	त	न	म	◌ं	उ	द	ग	◌्	ग	ल	◌ा	स
प	च	ह	◌ि	उ	◌ी	ट	◌ु	ण	◌ु	त	ट	◌ा	र	म
◌ी	◌्	ग	◌ं	◌्	क	◌्	श	क	न	◌ि	क	◌ा	म	◌ि
न	◌ो	म	◌ा	क	अ	◌ं	द	र	◌ा	◌ा	◌ी	◌े	र	त
य	अ	◌ं	श	स	प	◌्	त	◌ा	ह	◌ो	क	◌ं	व	◌ि
◌ै	स	ल	◌ो	क	त	◌ा	◌ं	त	◌्	र	◌ि	क	क	ग
त	◌्	प	र	◌्	◌ं	य	ध	◌ी	ण	द	◌ं	◌ा	श	◌े
क	स	◌ो	◌्	◌ी	◌ा	स	◌्	प	ष	◌्	ट	द	द	◌ी
न	◌ी	ध	◌ि	◌्	◌्	श	◌ो	◌े	◌ा	त	◌ी	◌्	र	च

शांतिपूर्ण
उलझ
योग्य
काम
समिति
अस्सी
योगिनी
डबल
सप्ताह
स्पष्ट

बार
अंदर
गुना
कुंजी
लिखने
लोकतांत्रिक
प्रिय
स्टोर
क्रॉस
कीमती

Puzzle 71

◌ा	ब	◌ो	स	ञ	◌ा	आ	◌्	स	◌ं	न	◌ा	उ	स	त
य	◌ा	क	य	प	ल	◌ा	न	ल	ग	◌ँ	प	त	◌ो	◌ै
ज	◌ि	अ	◌ी	ष	र	क	न	◌ं	ष	◌ा	◌्	र	व	र
स	ल	ई	प	◌ि	च	◌ा	◌ा	◌ी	◌्	म	स	◌ु	◌ु	न
◌ो	त	◌ा	◌ि	क	ज	स	◌ू	र	ज	म	◌ु	ख	◌ी	◌ा
न	◌ी	ट	श	◌ा	द	न	क	व	ड	प	अ	स	र	व
◌े	न	◌ृ	त	◌्	य	प	त	◌ं	ग	◌ो	◌ं	ख	फ	◌ि
न	◌ु	क	◌ी	ल	◌े	य	◌्	आ	ह	स	त	प	ब	ज
न	अ	◌्	◌्	र	व	क	स	र	व	◌्	क	◌ा	◌़	◌्
◌ा	य	◌ा	◌ँ	◌ा	च	र	द	श	न	ट	र	छ	व	ञ
च	◌ि	क	◌ि	त	◌्	स	◌ा	न	क	◌़	प	त	◌्	◌ा
स	स	न	◌ि	र	◌्	म	◌ा	ण	ख	व	◌ि	ध	◌ि	न
झ	म	व	ल	य	उ	त	◌ी	न	श	ह	म	र	◌ा	म
क	त	◌्	◌ृ	◌्	◌ै	र	◌ा	आ	◌े	◌ा	र	क	◌ो	स

तैरना
विज्ञान
पोस्ट
पार्क
वर्षा
चिकित्सा
सूरजमुखी
खुर
विधि
ख़राब

जला
टाई
दस्तक
नुकीले
माँ
सोने
पतंग
अंत
निर्माण
नृत्य

Puzzle 72

◌ा	य	य	श	◌ै	◌्	◌ा	म	◌ी	श	◌े	र	क	प	क
ध	◌े	ि◌	◌ो	ड	ि◌	ग	◌ौ	म	ख	र	ि◌	ई	◌ु	◌ा
◌्	प	◌्	र	क	◌ा	र	क	प	न	म	◌ा	क	र	र
व	र	◌ा	क	ध	स	◌ी	◌ा	य	◌्	ग	◌ं	ह	स	◌्
द	ल	न	क	र	आ	य	ल	र	त	र	ल	◌ी	◌्	य
◌्	◌्	च	◌्	◌्	द	श	◌ा	ट	◌्	◌ू	क	◌ं	क	क
अ	य	र	ष	◌ो	द	ध	ब	◌ो	म	त	न	◌ा	◌ा	र
स	अ	ि◌	य	र	स	◌ा	◌ु	न	अ	र	ल	क	र	◌्
न	न	◌्	ल	◌ा	◌ा	य	न	घ	ई	ब	क	◌े	◌ा	त
◌ी	श	◌ी	ट	◌े	ल	◌ा	ि◌	◌ी	म	◌ू	आ	◌ी	◌ा	◌ा
◌ं	ल	स	स	व	◌ॅ	◌्	य	◌ं	प	ज	ह	◌्	र	न
ब	व	प	ि◌	क	◌्	क	◌ा	क	◌ु	◌ं	ल	◌ं	त	स
◌ू	र	◌ो	क	ब	म	क	द	◌े	◌ू	◌्	क	◌ं	◌ा	◌्
क	ढ	ि◌	न	र	र	◌े	◌ी	ब	अ	◌ा	◌ं	य	◌ू	श

प्रकार
तरबूज
नींबू
धार्मिक
कार्यकर्ता
अनुसार
आकलन
मौका
बुनियादी
दोष

नकल
नोट
मूल
कहीं
पुरस्कार
शीट
कंपनी
रेशमी
कंघी
क्षय

Puzzle 73

इ	र	घ	इ	न	ि	त	म	्	त	ि	त	त	न	ग
त	ा	ो	द	इ	ल	ा	ज	ा	ब	व	े	त	न	म
ी	क	ड	न	क	स	ब	ा	े	श	े	य	ा	ं	व
क	र	़	छ	ा	ू	प	प	ी	व	्	र	स	ी	ा
क	न	ा	य	ट	न	ा	ं	े	ा	न	व	्	्	प
न	ज	्	ो	क	र	क	प	र	क	द	्	क	प	य
व	भ	ी	ु	े	ग	प	्	ह	ो	श	स	ू	्	श
अ	द	ज	ग	्	्	ध	ड	़	ी	म	ो	ल	र	र
र	ा	अ	ल	स	प	न	ा	ज	्	र	ल	द	ा	ी
न	ल	न	म	च	ै	र	क	्	ष	ा	र	न	च	्
ा	य	ु	ण	ष	र	ग	ा	स	स	झ	े	प	ी	ग
े	ि	च	ब	र	ो	घ	स	ी	प	ा	ा	श	न	र
ं	ा	ि	ी	ी	ं	इ	ं	द	्	र	ध	न	ु	ष
ि	घ	त	च	क	द	ा	प	ू	र	्	व	ज	द	न

इंद्रधनुष
स्केट
पूर्वज

Puzzle 74

च	ध	क	अ	ई	ल	त	र	न	◌ा	ट	य	म	क	ज
◌ि	ढ	क	फ	न	क	छ	◌ि	च	◌्	द	◌ृ	◌ा	य	◌ा
◌े	◌्	◌़	न	थ	प	प	श	◌्	च	◌ि	म	◌ी	च	◌ा
ज	र	◌ि	◌ा	ख	◌ी	च	र	ग	त	◌ा	त	ल	न	र
ढ	त	र	च	ई	द	र	◌्	न	◌ू	◌ी	य	स	द	◌ी
◌्	◌्	आ	ह	◌ि	ख	ह	म	क	◌ि	◌ा	◌्	अ	◌ी	क
न	स	र	प	प	य	◌ू	◌ा	छ	ण	न	प	क	श	अ
◌ौ	न	◌ा	ख	◌ी	स	ह	न	ह	◌ि	◌्	ग	ब	◌ं	◌ि
◌ा	क	म	च	ख़	द	व	◌्	य	र	◌्	थ	क	त	च
प	र	द	क	◌ं	◌ु	च	◌ा	आ	ध	◌ं	◌ी	◌्	◌ा	क
श	व	◌ा	स	आ	ध	◌ा	र	◌ा	क	◌ु	◌्	स	◌ि	◌ा
ड	र	य	प	ह	◌ा	ड	◌़	◌ी	म	ग	आ	◌ा	व	ल
क	अ	क	ल	त	◌ा	◌ू	न	◌़	◌े	◌ी	ल	◌ं	ज	◌ी
त	◌ा	अ	स	◌्	ड	व	◌्	प	ल	◌ा	प	ल	◌्	न

बक्सा
चढ़ाई
आरामदायक
कालीन
कथा
खारिज
व्यर्थ
असली
पहचान
दीपक

नदी
सीखना
स्तर
चुकंदर
धुआं
पश्चिमी
धारा
यादृच्छिक
पहाड़ी
आंख

Puzzle 75

म	अ	म	ब	◌ा	◌ी	म	स	स	◌ा	◌्	ल	◌ि	न	◌ं
◌्	न	ह	झ	◌ा	◌ा	फ	त	आ	ध	◌ं	◌ं	ड	व	ब
त	◌्	◌ं	व	◌ि	श	◌े	ष	अ	क	◌्	स	र	म	◌ि
न	य	ग	◌ी	भ	◌ा	त	◌ि	र	◌्	प	म	◌ो	ज	◌ा
◌ं	◌ै	◌ा	◌्	क	र	◌ी	र	व	र	स	◌ा	◌ं	क	ग
◌ा	क	ब	ण	◌े	ड	◌ा	◌ं	अ	◌्	र	द	र	◌ि	◌्
त	◌ा	म	त	ई	य	क	प	ट	त	◌़	◌ा	ट	◌ा	न
◌ी	A	◌ा	ल	च	◌ं	च	क	म	◌ो	न	ल	स	र	त
म	य	ए	ग	◌्	त	◌ि	म	◌ृ	◌्	स	◌ा	ज	प	र
न	स	◌ा	◌ि	क	ट	प	क	व	◌ा	न	न	र	◌ू	◌्
ए	◌ं	प	◌ि	ज	प	◌े	◌ो	◌ि	भ	स	◌ो	◌ा	क	ब
च	ह	◌ृ	◌ि	क	◌ो	श	◌ि	श	स	ग	◌ी	◌ं	ग	न
य	◌्	थ	आ	ल	◌े	ल	न	◌ा	क	◌े	ग	◌ा	ड	झ
न	र	क	म	त	◌्	र	◌ा	◌ा	क	न	च	ज	ज	◌ी

चंचल
अन्य
कोशिश
मोजा
टिकट
गलत
पृथक
महंगा
अक्सर
पकवान

अंडा
विशेष
नकारात्मक
राय
एसएलईडी
किसान
दालान
हंस
प्रतिभागी
स्मृति

Puzzle 76

झ	र	ज	क	म	◌्	◌्	र	छ	र	◌ो	य	◌ा	अ	घ
ह	न	।	◌ा	◌ौ	य	प	◌ो	◌ा	ह	◌ै	◌ू	◌े	म	◌ो
य	न	न	छ	अ	प	ह	◌ा	च	श	द	घ	च	◌े	◌ं
र	◌े	◌ा	र	स	र	छ	य	◌ा	◌ा	र	◌ा	क	र	स
स	अ	र	◌ु	न	य	क	◌े	य	प	ब	◌ि	न	◌ि	ल
ल	च	◌ा	म	ज	◌ा	◌ा	ल	क	◌ा	श	अ	◌्	क	◌ा
◌ा	◌्	क	◌्	ख	र	◌ं	ग	◌ी	न	◌ी	र	न	न	य
ह	छ	◌्	◌्	◌ु	आ	फ	◌ी	◌ा	क	फ	◌्	◌े	◌ा	आ
क	◌ा	ज	◌े	श	क	ध	स	अ	ठ	◌्	प	त	न	न
ब	◌़	त	श	भ	स	प	◌ु	म	◌ि	◌ी	ड	◌ी	◌े	ल
श	ड	र	◌्	य	र	◌ी	◌े	न	न	ज	उ	ग	ल	ल
क	प	◌े	ट	◌ि	ल	क	◌ी	ट	◌ि	म	र	प	◌ि	न
द	क	◌्	◌ं	प	य	◌ु	न	म	त	क	प	म	म	र
◌ि	स	◌े	ठ	स	◌ि	क	त	र	त	र	क	प	अ	स

लेडी
रोया
खुश
गीत
कठिन
अमेरिकन
चाय
घोंसला
टेप
तेल
सलाह
सरकार
परमिट
अच्छा
काफी
सिर्फ
कपड़ा
आधुनिक
मिलने
रंगीन

Puzzle 77

म	◌्	◌े	ह	◌ी	◌े	र	श	र	◌ॅ	न	त	◌ा	◌े	च
व	त	च	◌ं	म	◌ि	आ	◌ा	त	व	आ	श	◌ी	◌ू	श
◌े	◌ा	आ	ब	त	◌ि	ह	स	◌ी	स	◌ो	ड	◌ा	स	◌्
श	त	द	◌ी	थ	ल	त	ज	फ	ल	श	ड	र	त	न
◌ी	◌्	न	◌ं	◌ि	स	◌ि	◌्	क	◌ि	◌ा	◌ं	क	म	न
द	◌ु	ख	द	स	भ	त	ल	र	प	◌ि	य	◌ा	न	◌ो
◌ू	क	त	◌े	◌्	◌ी	◌्	ल	म	क	च	ल	ध	स	श
ग	◌ि	न	ब	व	ख	◌ि	◌े	◌ा	◌ि	◌े	ह	◌ि	ट	त
उ	ख	◌ो	क	य	ह	भ	य	क	न	प	◌ा	ष	◌े	फ
◌ं	◌ो	◌ि	◌ं	◌्	म	◌े	ल	◌ु	◌ा	त	र	◌ा	ग	◌्
आ	ज	ज	स	व	उ	न	स	ज	र	न	ग	श	न	◌ा
च	त	◌ॉ	म	◌ा	ह	ड	न	◌ा	◌ा	भ	◌्	◌े	◌ू	ज
ल	◌ं	र	◌्	◌े	◌ा	त	◌्	र	ध	ल	◌ं	◌ि	◌े	◌ो
र	◌ा	त	◌ा	र	न	ज	त	ल	◌ा	उ	स	व	◌ि	ग

किनारा
संग्रहालय
व्यवस्थित
खोज
विशेषाधिकार
नीति
दुखद
राजकुमार
नमक
भित्ति

मंच
सहित
कुत्ता
मेल
मवेशी
मित्र
सभी
सोडा
पियानो
जीवन

Puzzle 78

ह	◌ं	स	म	◌ु	ख	च	व	म	च	ड	◌़	◌ा	◌ी	क
◌ा	र	◌़	◌ि	इ	ल	◌ा	क	◌ो	म	ल	श	◌े	◌्	अ
य	◌ा	क	◌्	◌़	◌ु	ह	अ	◌ा	स	◌ि	आ	व	◌ा	ग
श	◌ि	क	◌्	ष	क	त	र	◌़	द	◌ि	ल	ध	ब	ल
◌्	ल	स	क	◌ा	प	◌े	र	त	ख	अ	न	◌्	◌ा	◌े
द	◌े	स	◌ि	क	◌ा	◌ा	◌़	ड	ब	ल	म	◌ी	प	र
◌ृ	ल	ह	क	◌्	◌्	न	र	अ	◌ा	न	◌ू	ग	◌ु	ज
◌ि	ज	◌़	◌ी	र	◌े	ग	◌्	◌ं	अ	◌ा	न	◌े	स	त
र	न	न	प	◌ु	त	क	◌े	ऊ	प	र	अ	◌ा	◌्	◌ु
प	◌ि	प	स	स	थ	◌ो	ड	◌़	◌ा	र	आ	द	त	ल
प	◌्	र	त	◌ि	य	◌ो	ग	◌ि	त	◌ा	◌ि	क	क	न
म	न	◌ो	र	◌ं	ज	न	न	◌्	स	◌ि	र	क	ब	◌ा
ब	◌ि	श	◌ं	प	ठ	ख	र	म	स	◌ि	◌ं	प	ल	ह
व	◌ा	◌ं	◌ु	र	◌ं	ड	◌़	◌्	न	ट	◌्	व	◌ी	◌्

प्रतियोगिता
मनोरंजन
सुरक्षा
परिदृश्य
थोड़ा
पुस्तक
दिशा
आधार
चाहते
शिक्षक
हंसमुख
जुगनू
बड़ा
खतरे
कीड़ा
पारंपरिक
तुलना
अंग्रेज़ी
अगले
कोमल

Puzzle 79

अ	◌्	श	◌ी	प	ब	◌ी	स	क	ह	ग	ज	◌े	ज	द
न	ज	व	◌ं	◌ा	ग	ट	म	स	◌ा	ज	◌ू	◌ा	त	ग
◌ु	क	म	◌्	ट	य	◌ि	◌ी	◌ा	थ	क	ष	◌्	क	क
स	ग	◌ि	न	त	◌ी	◌ा	स	प	◌ी	◌ा	◌्	क	◌्	स
◌ं	च	र	ह	ज	ग	छ	म	प	◌ा	◌ं	◌ं	ब	य	न
ध	त	◌ी	स	प	◌्	ज	◌ं	व	◌ी	न	◌ं	ल	◌ु	◌्
◌ा	ब	त	त	त	◌्	र	र	त	◌ि	म	◌ो	◌ा	◌ि	◌ा
न	आ	◌ा	◌ा	ब	◌ा	झ	र	ल	म	◌ै	द	◌ा	न	◌ी
◌्	र	फ	ढ	ह	◌्	स	◌ा	छ	प	◌ा	न	स	क	◌ी
र	◌े	◌्	त	◌़	ड	भ	◌े	न	◌ि	व	◌े	श	त	न
◌े	श	र	त	◌ा	ख	◌्	◌़	त	घ	ष	म	न	◌ु	◌े
◌़	ड	◌ि	ब	◌े	◌ा	ग	ड	इ	◌ा	स	◌ी	◌ा	◌ो	◌ं
न	ल	ग	द	ग	त	र	ब	◌ी	◌े	म	ल	आ	क	न
प	क	◌्	ष	◌ी	द	त	व	ल	◌्	◌ा	क	क	◌े	स

गिरफ्तारी
हाथी
कक्ष
बाढ़
मैदानी
जगह
जहर
निवेश
बीस
गांव
साइड
मील
देखभाल
गिनती
हड्डी
वजन
नियुक्त
बड़े
पक्षी
अनुसंधान

Puzzle 80

ग	स	ख	◌ा	न	ठ	ग	◌ं	स	श	◌ु	क	◌्	र	ल
ज	◌्	च	व	ल	ल	य	◌ॅ	न	ण	प	◌ि	आ	य	◌े
◌़	व	◌्	र	द	ब	म	आ	श	◌ा	व	श	ग	◌ा	ग
प	◌ी	ल	◌़	◌ो	◌ा	त	◌े	म	ल	◌े	◌ा	न	र	म
◌ा	क	◌ि	र	◌ं	स	◌ा	क	◌्	ष	◌्	य	ल	◌ि	◌्
र	◌ा	न	ल	आ	म	◌ो	◌ा	च	म	आ	न	◌ॅ	क	◌े
ण	र	◌ा	ब	म	◌्	त	इ	च	◌े	स	◌ि	ब	◌्	◌ा
अ	◌ो	द	र	◌ा	श	छ	◌ा	र	त	ट	ट	ट	त	न
क	क	र	ख	ण	◌्	ड	क	अ	य	न	त	ल	◌ि	ल
ल	◌्	◌्	न	ग	ई	म	व	म	प	ल	क	द	र	ह
◌ा	त	द	ख	स	◌ि	त	◌ा	र	◌े	◌ा	म	ज	◌्	र
श	◌ि	न	क	◌ा	◌ु	द	ह	द	◌ो	◌्	◌ी	◌ा	प	अ
क	◌ॅ	◌ा	ह	क	अ	प	न	◌ी	न	न	◌ं	◌्	◌े	◌ं
य	य	क	क	त	आ	न	◌्	ज	द	क	◌्	ष	◌ि	ण

लहर

Puzzle 81

◌े	स	क	ट	◌्	ख	न	◌ै	व	प	◌ी	न	◌्	ज	◌ो
थ	न	◌्	न	द	ज	भ	ि◌	ि◌	न	श	क	◌े	ि◌	ण
क	◌ृ	प	य	◌ा	।	◌ू	◌ा	र	◌ो	◌ं	स	◌ू	द	ष
ब	ि◌	ण	◌ा	श	◌्	त	प	◌्	◌्	ल	◌ा	◌ो	व	र
ि◌	आ	◌ो	ि◌	उ	◌ा	इ	ख	◌ा	ल	ध	◌े	र	◌ा	◌्
◌ं	म	न	द	ब	ट	◌ा	ग	ग	थ	अ	◌ा	त	◌्	क
द	ि◌	र	ह	◌ा	न	य	◌ा	ख	क	न	ल	र	स	व
◌ु	श	ग	◌ा	न	ज	न	ट	◌ा	ज	◌ै	र	◌ं	ि◌	◌ा
◌ा	ल	◌ो	त	प	त	ज	ग	ई	ल	आ	ब	ि◌	क	त
◌ो	न	ड	◌ा	ल	◌ा	य	ब	द	व	ज	क	न	◌ा	◌्
◌ं	क	ल	क	र	क	◌ो	न	न	◌ा	ब	ज	द	र	र
प	◌ु	◌ी	र	◌े	◌़	◌ं	◌ा	◌ौ	य	न	न	◌ा	द	◌ु
र	ल	क	◌ु	◌्	र	स	श	ह	◌ु	व	ज	ख	◌ा	◌ु
अ	स	◌्	प	त	◌ा	ल	ल	◌्	श	ह	◌े	◌ी	◌्	ग

बिंदु
सर्कुलर
कृपया।
डाला
स्वाद
खाई
पिता
संयोजन
गुरुत्वाकर्षण
दिया
अस्पताल
बना
भूत
हजार
लीक
वैन
जलवायु
निर्धारित
दूसरों
निरंतर

Puzzle 82

◌े	स	म	म	ग	न	आ	ब	म	◌ा	न	ट	स	अ	ह
◌्	◌े	न	ल	◌ा	ह	स	व	ग	ट	◌ि	क	◌्	त	ल
ग	र	अ	◌्	न	ल	◌ं	च	श	ष	इ	◌े	ज	न	द
छ	भ	न	◌ि	ट	◌े	प	श	च	◌्	च	न	न	न	र
ह	◌ा	ल	◌़	◌ु	ख	र	◌्	◌ि	द	य	फ	य	न	ड
व	◌ि	ल	फ	च	क	◌्	म	म	◌ि	◌े	क	◌े	न	अ
अ	न	◌ु	म	त	◌ि	क	◌ा	न	व	च	◌ू	W	◌ा	◌े
◌ी	व	◌ु	◌ा	◌ा	ग	त	न	◌ी	◌ा	व	व	ज	ल	र
◌ं	ट	त	प	झ	न	र	ल	◌ॅ	◌्	य	◌े	ई	◌ा	ण
प	◌ी	ढ	◌़	◌ी	न	◌ि	क	म	स	◌े	ब	◌ो	ड	◌ि
म	ह	त	◌्	व	प	◌ू	र	◌्	ण	क	◌ी	र	◌्	र
उ	◌्	◌ा	ब	◌ो	आ	ट	स	ज	◌ी	त	◌ा	◌ि	प	न
ह	न	◌ै	त	◌ा	◌ु	◌े	व	न	◌्	◌े	र	ह	ब	◌ा
◌ं	स	च	◌्	र	न	प	अ	ट	ष	◌्	श	◌ि	◌ि	व

अलग
लेखक
चिमनी
अनेक
डालना
स्वादिष्ट
छाल
अवसर
चश्मा
अनुमति
फ़िल्म
महत्वपूर्ण
बेवकूफ
पीढ़ी
हाल
पिताजी
आवश्यक
विशिष्ट
शराबी
संपर्क

Puzzle 83

र	र	◌ृ	द	द	स	◌ी	◌ा	द	प	न	प	च	ह्	म
प	◌े	क	क	◌े	◌ू	म	अ	◌ा	न	◌ा	◌ं	◌्	◌ं	च
◌ो	◌़	◌ो	◌्	◌ा	ख	◌ा	क	◌ु	◌्	◌ा	प	न	आ	त
क	ह	प	ष	र	◌ी	◌ा	श	◌ी	ज	ग	न	◌े	र	म
र	◌ा	ई	◌ि	स	म	◌ु	द	◌ा	य	म	◌ि	ल	◌्	न
◌ि	ध	ऽ	ण	व	◌ि	श	◌े	ष	ज	◌्	ञ	◌ा	थ	◌े
क	य	क	◌ी	ट	◌ा	न	◌्	स	श	◌ो	◌ं	प	◌ि	ज
◌ा	व	◌ि	भ	◌ि	न	◌्	न	◌ै	त	◌ै	◌्	◌ी	क	र
◌ि	च	◌ा	च	◌ा	प	श	◌ा	◌ं	प	ड	ड	ग	◌्	◌े
ध	च	◌्	स	ध	ट	ञ	आ	ड	द	न	◌ा	◌ो	◌ं	स
आ	र	◌्	क	त	◌ा	त	◌्	व	ण	◌ु	ग	स	थ	◌े
◌ा	व	य	र	र	◌े	◌ं	स	◌ि	◌्	◌ि	ब	◌्	छ	क
त	ग	व	◌ा	◌्	स	र	ल	च	◌्	च	उ	◌ा	◌ी	र
◌ी	अ	र	◌्	थ	व	◌्	य	व	स	◌्	थ	◌ा	◌्	प

पालने
अर्थव्यवस्था
समुदाय
गुणवत्ता
आधिकारिक
नाटकीय
आर्थिक
सैंडविच
स्वागत
मिल
रहो
सूखी
सरल
दक्षिणी
उच्च
विशेषज्ञ
शैडो
जांच
चाचा
विभिन्न

Puzzle 84

प	◌ा	ग	◌ो	व	र	न	ग	◌्	द	◌़	ल	ज	र	श
प	◌ा	ठ	र	◌ि	श	फ	त	च	ट	व	◌ा	द	ज	◌्
न	◌ौ	ब	◌े	ग	◌ि	ह	क	व	◌ी	क	◌ॅ	◌ा	ड	◌े
◌े	ढ	◌ं	ठ	त	स	◌े	च	क	◌ो	◌्	थ	◌ा	द	◌ो
◌ा	◌ि	ध	त	◌ा	न	ग	र	◌्	म	◌ी	क	ड	◌्	द
च	न	न	क	ण	न	◌्	◌ु	श	फ	न	ल	स	फ	◌ा
ब	फ	◌ि	ए	क	◌्	ज	◌ी	क	◌्	य	◌ू	ट	◌ि	व
◌्	व	◌ं	◌्	◌ो	स	ड	द	त	र	◌ं	◌ु	त	◌ू	प
र	ब	◌ि	ड	र	र	र	◌े	न	ब	र	◌ि	य	◌्	अ
◌ि	त	व	अ	◌ि	◌्	◌ा	◌्	स	◌े	ज	ग	ड	न	◌े
ज	ड	◌ि	◌ू	◌्	प	फ	र	◌़	◌्	◌़	ल	श	ब	र
न	◌्	च	म	त	न	र	प	क	◌ा	क	ल	स	द	ड
ग	ल	त	◌ी	उ	त	◌्	स	◌ा	ह	◌ि	त	◌ो	◌ा	◌ो
म	◌ं	क	◌ॅ	◌ी	न	ह	च	म	ग	फ	◌ा	◌ै	◌ा	ग

ब्रिज
एक्जीक्यूटिव
बचाने
पर्दे
विकास
प्रसन्न
मोटी
विगत
चेस
गर्मी
ठंढ
त्रिकोण
गलती
डेस्क
फंड
अपवाद
उत्साहित
तुरंत
गठबंधन
बर्फ

Puzzle 85

आ	◌े	◌ं	◌ि	◌ि	स	◌्	◌ं	◌ं	◌्	श	च	र	भ	स
◌ा	◌ं	◌्	र	ह	◌ा	व	य	◌्	व	◌़	◌ी	◌ृ	◌ा	प
E	स	भ	न	न	फ	◌ि	ल	◌्	◌ॉ	ड	श	◌्	ग	र
स	◌्	◌ो	म	स	त	क	◌्	◌ु	म	र	क	◌्	◌्	◌ी
क	◌ि	ट	ज	◌ा	म	र	◌ा	र	र	◌ा	क	स	य	क
◌ा	◌्	व	◌ि	त	◌ि	ल	य	स	ष	ट	◌ा	ट	◌्	◌्
र	◌्	ल	◌ो	प	◌ी	छ	◌ा	◌्	◌ि	स	◌ं	◌ो	न	ष
◌ा	प	म	ई	ट	स	श	त	E	स	◌ा	च	◌ं	इ	◌ा
त	त	श	स	ड	◌ि	◌ा	◌ि	क	न	प	◌ू	त	म	र
◌्	च	द	◌्	◌ो	क	◌ी	◌्	◌ा	◌ृ	ल	स	◌ा	छ	◌ि
म	◌ी	◌े	◌ा	र	व	फ	क	न	◌ि	◌ि	च	ल	न	◌े
क	◌ा	ष	◌ि	◌़	ल	◌ै	श	◌ी	ह	◌्	ध	र	स	◌ि
न	◌ा	◌ा	◌ू	य	◌े	ल	◌्	त	व	क	अ	अ	◌ो	श
क	म	◌्	ल	◌ा	ल	◌ै	◌ि	ल	आ	ल	◌ी	◌ी	न	◌ा

दशमलव
इंच
डॉल्फिन
व्यवहार
सीमित
कार
पीछा
मुक्त
परीक्षा
साक्षात्कार
सूचकांक
वोट
शैल
साफ
अधिकृत
सकारात्मक
चलने
शक्ति
भाग्य
क्लिप

Puzzle 86

व	ह	ल	त	म	◌े	ट	◌ा	स	ई	र	◌्	प	◌ं	क
क	◌्	◌ा	ब	त	क	ढ	प	◌ि	ए	त	उ	श	◌ं	◌ा
स	श	य	श	◌ा	न	ण	ग	र	स	प	ट	◌ु	फ	र
◌ा	क	◌े	व	न	त	◌ा	स	◌्	ग	◌ि	◌े	र	र	◌्
म	◌ि	स	◌ि	स	न	◌े	◌़	ढ	ब	व	◌ा	ल	च	य
ज	ई	न	◌ं	श	◌ा	◌ा	◌ं	◌्	क	म	ज	◌ो	र	क
च	◌ा	क	◌ू	प	◌ो	य	ट	श	ह	त	च	न	य	◌ा
◌ा	◌़	◌ा	आ	◌्	त	क	प	त	◌्	त	◌े	अ	र	र
◌ा	ड	स	द	◌ा	द	◌्	◌ु	म	झ	◌े	◌ं	◌्	◌ि	◌ी
ड	ल	◌्	ध	स	भ	आ	त	◌्	◌्	ग	त	म	◌ै	व
◌्	◌ी	◌ु	◌ि	प	◌ै	◌्	य	◌ी	◌ी	◌ा	◌ा	क	क	◌ा
◌्	◌ा	म	क	क	◌ा	म	द	◌े	व	क	ज	◌ा	र	र
◌े	ख	प	◌्	र	◌ा	ध	◌ि	क	र	ण	◌्	स	ल	द
◌ं	◌ी	ड	◌ि	प	◌्	ल	◌ो	म	◌ा	◌ा	क	र	य	◌ी

बातें
मुस्कान
व्यवसाय
खाली
रेगिस्तान
गणना
कामदेव
प्राधिकरण
मुद्दा
कैरियर

पशु
कमजोर
कार्यकारी
पत्ती
पत्ते
बढ़ने
सिर
डिप्लोमा
लड़ाई
चाकू

Puzzle 87

व	द	◌ो	न	◌ो	◌ं	E	◌ू	त	◌ा	स	म	अ	म	◌ी
ग	◌ि	स	◌ो	च	इ	क	◌ा	ई	◌े	च	न	◌ं	◌़	◌ा
म	◌ा	न	स	◌ु	र	क	◌्	ष	◌ि	त	ड	ग	र	स
◌्	ल	क	श	आ	व	म	र	◌ा	न	◌्	◌ा	◌ू	◌ं	◌ा
◌े	◌ि	◌ि	व	◌े	क	◌ि	त	◌ो	◌ा	म	◌्	ठ	◌्	◌ा
◌ि	स	श	◌ा	व	र	◌ा	◌े	◌े	द	◌ा	क	◌ी	प	◌्
◌ॉ	ट	ब	ज	◌ि	न	प	आ	ब	प	र	स	◌ी	क	न
च	भ	◌ै	◌ं	स	◌े	ल	आ	क	◌ा	प	◌्	र	ष	ल
स	र	◌्	द	स	त	◌ि	द	◌ि	◌्	◌ा	ट	न	◌ा	◌ि
अ	◌ो	◌ु	त	ल	◌ृ	य	ग	न	त	य	म	◌ॅ	ल	ग
◌ं	◌ु	◌्	र	न	त	◌ू	◌ा	◌ा	उ	◌ा	◌ा	ण	र	ख
त	भ	ष	◌ी	◌ी	◌्	◌्	र	◌ं	◌ा	◌्	न	◌्	◌ी	◌ि
◌ि	प	न	◌ी	र	व	ट	ज	◌े	◌ा	व	न	◌ी	◌ी	र
म	◌ी	◌्	म	ल	क	◌े	◌ं	द	◌्	र	◌ी	य	ल	◌ा

उत्पाद
अंतिम
कवर
व्यापार
सर्द
दोनों
केंद्रीय
विन
शिकन
इकाई
सोच
भैंस
कस्टम
आपरेशन
अंगूठी
सुरक्षित
नेतृत्व
पनीर
क्या
ट्यूलिप

Puzzle 88

◌ो	म	◌े	◌ा	ल	◌ू	भ	स	द	च	◌ि	त	◌्	र	◌ा
◌े	ज	न	स	श	◌ा	र	◌्	प	र	घ	◌ं	थ	फ	स
◌्	क	अ	न	र	◌ी	र	श	◌ं	◌ा	त	न	स	आ	◌ै
ब	र	◌्	व	य	र	ग	श	न	◌ा	स	श	ल	र	घ
द	ह	◌ा	◌्	◌ा	◌ी	र	क	प	क	ल	न	◌ू	य	ल
न	प	न	◌्	◌्	च	◌ा	त	न	प	भ	◌े	य	◌े	ब
◌ि	◌ो	श	म	प	◌ा	ग	◌ा	ग	◌े	◌ो	ख	◌ं	◌्	य
◌ि	द	त	◌ी	क	◌ो	प	र	ड	र	र	◌ा	ट	◌्	अ
◌ी	ग	श	न	य	न	◌ी	स	व	श	◌्	◌ि	व	च	◌्
ब	ब	न	र	ब	◌ा	र	◌ा	ब	म	प	स	र	◌ा	◌्
◌्	ग	◌्	◌े	ब	◌ै	ग	व	◌े	स	◌्	◌ा	झ	◌्	ड
◌ा	प	प	◌्	अ	◌ा	म	अ	त	◌ी	त	◌ा	◌ं	◌ा	◌ि
भ	◌ा	◌ा	ट	व	◌ी	न	न	क	◌ि	◌ा	ह	स	◌ु	क
र	◌ो	श	द	◌े	ख	◌ो	उ	स	क	◌ो	◌ो	क	त	◌ु

अतीत
विश्वसनीय
सिखाने
पावर
प्रशासन
देख
दोपहर
शरीर
बैग
भूल

भोर
चित्रा
प्रयोग
दरअसल
किसी
डरपोक
प्यार
ट्रेन
कोको
बार-बार

Puzzle 89

ज	◌ी	व	व	◌ि	ज	◌्	ञ	◌ा	न	◌ी	र	◌ा	म	ग
प	◌्	र	◌ा	क	◌ृ	त	◌ि	क	◌्	ट	◌ा	च	◌़	च
ह	◌े	स	ध	ट	र	◌े	◌ु	ल	◌ू	श	द	◌ी	◌े	श
ग	त	◌्	ज	◌ा	◌े	भ	◌ा	क	व	ल	क	◌े	अ	प
ह	◌्	न	व	◌ु	◌ु	श	◌्	र	न	ज	म	ल	म	क
र	◌ा	ढ	◌़	◌ी	◌ी	स	फ	◌ि	◌ी	म	च	थ	न	◌्
म	◌ी	◌़	व	प	ज	◌ा	त	◌े	◌ा	◌ा	ग	र	र	ष
आ	द	◌े	श	◌ा	क	श	◌ू	स	◌ौ	◌्	र	◌्	त	◌ो
ल	◌ा	इ	व	◌ी	र	प	◌ि	छ	ल	◌ी	अ	म	◌ा	◌ं
◌ा	ब	त	ग	◌ि	थ	◌्	स	ह	त	ध	ड	ल	ल	◌े
◌ु	न	◌ा	◌ा	◌्	◌े	◌ो	य	इ	◌्	क	र	क	◌ि	न
क	स	◌ा	द	च	◌ौ	ड	◌़	◌ा	म	न	न	म	क	ल
श	◌ा	छ	◌ि	◌ु	च	◌ा	य	◌ी	◌ि	क	◌े	न	◌ा	ख
त	◌ू	न	च	त	ट	य	◌्	क	स	◌्	स	र	र	स

अध्याय
सीढ़ी
स्कूटर
जीवविज्ञान
तालिका
पिछली
चौथे
स्थगित
छाता
पक्षों
शलजम
सुधार
आदेश
थर्मल
चमकदार
चौड़ा
भेजा
लाइव
जाते
प्राकृतिक

Puzzle 90

व	◌ा	स	◌ि	ख	य	◌ै	◌े	ब	म	व	◌ा	ह	प	◌ि
त	◌ु	र	◌्	क	◌ी	त	त	प	न	आ	ब	◌ा	ष	द
र	क	◌ा	◌े	प	ब	◌्	ल	ल	◌ू	प	र	द	◌ो	ख
स	◌ा	◌ा	◌ा	स	◌ी	व	म	ग	म	द	म	स	◌ं	र
र	◌ी	ग	◌्	म	◌ा	स	क	◌ा	ख	◌ा	द	◌ा	क	◌ी
◌ु	उ	न	द	◌ा	र	◌्	प	श	◌ि	क	◌्	ष	◌ा	द
◌ै	◌ा	◌ा	◌ा	र	◌ं	◌्	◌ी	उ	◌ो	E	र	य	◌ा	◌ा
न	◌ा	◌ो	◌े	◌ो	र	◌ो	य	न	ज	र	म	◌ा	प	न
◌्	◌्	र	य	◌ि	◌ा	ज	स	◌ा	◌़	ब	र	व	ट	◌ा
क	ल	◌ि	ट	ज	◌ा	ठ	ष	◌्	र	व	द	E	ट	य
◌्	क	म	र	◌ा	◌्	क	आ	म	थ	र	र	ब	ख	न
ब	◌ै	च	◌ि	य	म	प	र	आ	न	◌ि	◌ी	म	◌ा	ग
व	◌्	य	◌ं	ग	◌्	य	ध	◌ा	◌ा	ब	त	र	क	◌ु
◌ि	र	स	◌ा	न	उ	म	क	◌ं	◌ा	◌्	म	◌ि	इ	क

वर्ष

Puzzle 91

◌े	◌्	र	◌ा	य	न	◌़	क	त	◌ी	द	य	◌े	न	अ
श	र	◌ं	◌्	ल	श	र	म	◌़	प	◌े	र	ख	न	◌ी
प	◌ी	ख	◌े	◌ा	ट	ड	क	ढ	◌ं	न	च	◌ू	◌्	म
अ	◌ु	◌े	य	◌ी	◌े	क	ध	ब	◌े	र	◌्	प	◌ी	ि◌
म	क	ल	ि◌	ढ	◌्	ि◌	◌ा	◌ा	आ	ए	क	ज	न	ह
प	न	क	ई	◌ु	स	ध	ि◌	ि◌	र	प	आ	द	र	त
◌्	ि◌	ज	र	◌ा	न	अ	ट	◌्	◌ा	य	◌ा	◌ा	◌्	◌ी
म	क	घ	◌ी	◌ै	◌े	प	ष	◌्	◌ी	र	र	◌ा	व	स
◌ी	◌े	◌्	ल	◌्	◌ो	।	◌्	ल	◌ा	ल	ल	व	र	र
ि◌	◌ै	म	◌ा	◌ा	क	◌ा	ि◌	ग	◌्	आ	त	◌्	◌ा	◌े
◌़	म	प	स	ट	प	◌े	श	◌े	व	र	त	ग	◌्	ग
◌ा	इ	न	◌्	र	उ	◌ा	अ	◌्	◌्	◌ा	ल	र	क	◌ा
◌ो	◌ो	ल	त	स	◌ा	◌ं	स	◌्	क	◌ृ	त	ि◌	क	ल
भ	◌ू	म	ि◌	क	◌ा	न	ि◌	र	◌ी	क	◌्	ष	ण	ल

आदर
अधिक
पिघला
पेशेवर
निरीक्षण
वादा
मुख्य
भूमिका
लटका
तीसरे
लेख
ढीला
सांस्कृतिक
स्टेशन
बढ़त
सुई
प्रबंधक
अशिष्ट
परिधि
मैकेनिक

Puzzle 92

◌ी	त	स	◌्	द	◌्	त	ल	ह	र	म	◌ा	ड	ह	ज
◌ा	न	ण	भ	र	◌ा	◌ै	च	◌्	ग	ब	ग	◌़	स	ज
श	◌ो	र	◌ी	प	◌ै	र	घ	ग	◌ा	◌ौ	ध	◌ा	◌ा	ल
◌ु	च	च	ड	◌ी	स	◌्	ल	◌ि	स	◌ा	ख	◌ौ	द	प
र	स	र	◌़	न	◌े	स	य	◌ि	◌े	उ	क	थ	◌ा	व
क	ल	ब	ज	◌े	प	◌ो	स	◌्	◌ि	ड	स	ह	ह	र
ब	न	क	स	ह	◌ी	ब	◌ी	प	र	य	◌ं	न	अ	त
च	क	◌ा	र	◌्	य	E	त	◌्	न	◌्	घ	प	◌ृ	ग
ट	◌ं	◌़	◌ि	प	र	य	◌ु	◌ि	ग	न	र	द	◌े	त
त	र	द	◌्	◌ा	र	◌ा	ब	त	◌ा	ओ	◌्	◌ै	◌ी	आ
◌ं	र	क	◌्	ग	व	त	श	◌ा	य	द	ष	ग	न	◌़
◌ि	प	ल	स	र	◌ॉ	◌्	क	◌ा	य	म	◌ं	र	द	◌ी
थ	◌्	◌ं	फ	◌ं	य	र	न	त	◌्	स	द	र	ब	ज
◌ं	◌़	◌े	ब	ग	◌ा	◌ा	ष	र	ड	त	श	◌़	◌ी	द

भीड़
चरण
शोर
शायद
डिस्पोजेबल
रैप
यात्रा
खास
बताओ
कार्य
संघर्ष
पीने
जबरदस्त
चंद्र
हथौड़ा
संगीत
क्रॉस
सागर
लहर
हादसा

Puzzle 93

र	न	ग	◌ै	व	◌ी	श	क	न	ट	त	स	◌ा	ट	श
र	ण	◌ि	अ	न	ख	◌ि	◌ा	ण	◌ि	◌ु	◌़	ई	◌ु	ल
◌ा	ग	न	र	व	द	क	ज	◌्	र	क	◌ि	य	क	◌्
ट	◌ै	ध	◌ी	◌्	◌ा	◌ा	◌े	◌्	◌ु	ज	न	◌ै	ड	◌ू
न	ड	◌ा	आ	त	य	र	क	स	◌्	◌ा	छ	स	◌़	◌्
ल	त	स	न	◌ि	◌ि	◌ा	◌े	◌ि	त	त	ल	प	◌ा	◌़
◌ा	त	◌ं	ल	र	ष	◌़	त	◌े	ल	◌े	◌ा	◌्	◌ु	झ
ख	◌ी	◌ु	द	◌्	त	ज	◌ू	स	◌े	ट	अ	त	प	च
र	य	न	ल	प	◌ी	स	द	◌े	ऐ	स	◌े	◌ा	◌े	◌ि
◌्	उ	अ	ब	◌ी	म	◌ा	र	ल	च	◌ॅ	◌ु	ह	प	◌ि
क	ट	च	◌ा	न	◌ु	व	न	◌्	क	र	त	◌ा	ल	◌ा
व	◌े	◌ं	र	E	ब	◌्	ध	त	त	◌ं	ल	थ	◌ी	◌्
◌ं	ग	ण	श	उ	ज	न	◌ी	◌े	ह	क	ज	◌ा	म	स
ह	ल	प	◌ी	ग	य	ड	च	◌े	◌ा	◌ा	◌ि	क	व	श

टुकड़ा
बीमार
शिकार
त्रुटि
सज़ा
सेट
दूत
बैंगन
प्रति
दुखी
पहुँच
रणनीति
करता
निर्यात
शराब
ऐसे
सप्ताह
सुरक्षा
अनुसंधान
जाते

Puzzle 94

ग	◌ा	◌ि	च	न	क	व	◌ि	न	◌ा	न	ग	प	क	क
E	◌े	त	द	◌्	◌ौ	◌ि	न	आ	य	◌ै	◌ू	◌ा	न	◌ि
र	च	आ	◌े	◌े	न	प	अ	ध	◌ा	◌्	प	न	◌े	य
ज	य	◌्	ल	क	◌ि	इ	स	◌ा	र	ट	◌ो	म	क	◌ा
स	◌ु	म	ह	श	ब	क	त	व	◌ि	ष	◌े	ज	◌्	त
◌्	च	र	प	ज	ग	◌्	ल	◌ो	क	◌्	द	ल	श	त
म	अ	र	◌्	◌े	◌्	र	स	◌ा	◌्	प	◌ु	श	न	स
◌ृ	◌ा	च	◌ं	र	◌ि	ई	र	◌ं	त	◌्	च	◌ं	◌ौ	◌ो
त	◌ौ	व	त	ब	◌ा	स	य	प	◌ि	स	र	◌ा	◌े	म
◌ि	ल	भ	◌ा	◌ं	स	ब	य	◌ि	र	◌ि	◌ि	ग	र	व
च	◌ा	ल	◌ौ	ग	◌ं	उ	प	त	◌्	ट	र	स	द	◌ा
स	◌ा	म	र	◌ी	◌्	क	ग	न	प	व	त	च	प	र
त	◌ा	◌ौ	ल	क	न	न	◌्	आ	ग	य	र	ड	ह	क
◌े	A	न	◌ै	ड	म	◌ा	ज	द	ट	उ	ढ	ख	◌ं	◌े

मोटरसाइकिल
कौन
क्रीम
किया
मौन
तालाब
पूर्व
जुर्राब
संभाल
उंगली
अपने
पहले
सोमवार
आधा
कनेक्शन
स्पष्ट
स्मृति
प्रतिक्रिया
विन
शलजम

Puzzle 95

प	◌ा	◌ि	द	क	स	प	य	स	आ	म	◌े	स	क	क
श	र	ल	◌े	प	◌्	ग	◌े	◌ो	श	र	◌ू	र	र	र
म	क	व	ई	◌ि	व	◌ी	र	स	◌्	◌ी	आ	र	न	त
◌ु	ट	◌ा	◌ा	त	◌ा	त	◌ि	◌ा	च	ज	◌ं	ग	ल	◌ी
र	म	र	◌़	ह	स	ई	ल	य	र	न	◌ा	क	◌े	◌ौ
◌्	म	ह	ढ	य	◌्	◌े	ल	ट	◌्	श	◌़	◌ा	छ	ट
ग	◌्	ठ	च	◌ि	थ	र	ल	◌ी	य	◌ि	◌े	स	◌ि	क
◌ी	◌ा	◌ा	च	◌ृ	◌्	ख	◌ि	न	◌ू	ष	◌ा	◌ि	प	ख
भ	य	◌ा	न	क	य	◌्	ज	◌े	◌ा	म	◌्	ज	त	द
र	◌ो	आ	न	व	◌ा	ण	◌ि	ज	◌्	य	◌ि	क	न	◌े
न	ड	अ	◌़	न	◌ी	◌्	ह	◌े	ह	◌ा	◌ा	र	◌्	अ
◌ं	◌ा	◌े	अं	◌ि	◌्	उ	◌ा	न	ह	च	◌्	स	ल	ध
न	र	भ	र	अ	म	◌ा	र	◌ा	ज	ध	◌ा	न	◌ी	◌ि
ध	ग	व	च	अ	ज	म	◌ो	द	प	त	◌्	त	◌े	क

जंगली
आश्चर्य
राजधानी
कटौती
मूली
वाणिज्यिक
नाक
सोसायटी
मुर्गी
पिछले

अजमोद
ठहराव
भयानक
सूची
स्वास्थ्य
परवाह
जिसका
चढ़ाई
पत्ते
अधिक

Puzzle 96

य	त	ई	ब	थ	च	ड	स	श	र	◌्	य	◌ं	◌ी	स
ख	◌ा	◌े	द	क	अ	म	◌ं	न	त	प	र	च	◌ा	न
भ	◌ू	क	◌ं	◌ा	◌्	◌ा	क	◌ि	ल	इ	◌ा	द	◌ा	न
◌ि	ज	र	◌ू	स	अ	स	ट	व	◌ा	◌े	स	ड	◌ं	ए
ख	◌्	ग	र	◌्	य	स	◌ा	◌ा	◌ि	ख	ट	क	त	स
अ	◌ि	◌ं	स	न	न	म	म	र	ह	न	◌्	आ	◌्	व
अ	◌ं	ग	◌ू	ठ	◌ी	व	◌ा	प	म	ज	व	◌ा	◌ा	र
◌ा	स	◌ं	न	क	थ	र	◌ि	फ	◌ा	द	◌े	◌ु	◌ं	त
◌ा	क	◌ा	◌ा	य	◌ा	न	न	न	◌ा	र	◌ै	त	◌ॅ	◌़
न	◌्	क	म	त	◌्	र	◌ा	◌ा	क	स	◌ा	◌्	न	◌्
न	व	ट	◌े	◌ा	स	क	च	◌्	ज	ख	न	ग	ट	ख
◌े	◌ि	र	◌ा	ह	◌ी	घ	◌ो	◌ं	घ	◌ा	◌्	◌ं	◌ू	◌ा
ग	◌्	य	◌ा	र	ह	◌्	ल	व	◌ि	च	ल	◌ि	त	◌्
अ	म	◌े	र	◌ि	क	न	आ	व	स	◌ु	ध	◌ा	र	◌्

देखा
ग्यारह
आलोचना
सूरज
शनिवार
स्थानीय
विचलित
भाई
जूता
जानकारी

महिला
संकट
घोंघा
सेवा
तैरना
बक्सा
अमेरिकन
सकारात्मक
अंगूठी
सुधार

Puzzle 97

उ	ल	र	उ	र	प	क	◌्	ग	न	ठ	स	स	अ	ग
ह्	ड	ख	प	स	म	न	स	◌े	◌ॅ	ध	◌्	◌ू	◌े	◌ा
◌ं	◌ा	र	ज	त	◌ि	◌े	त	◌ा	◌े	◌ु	व	र	स	◌ा
◌ा	र	◌ा	त	◌ु	◌ं	त	ग	न	न	◌्	त	ज	न	◌े
ख	◌ो	◌ं	◌ॅ	आ	अ	क	त	प	र	व	◌ं	म	न	प
य	अ	ग	◌ु	ण	◌ा	इ	◌ि	स	◌ि	द	त	◌ु	न	ल
◌ू	ज	◌ं	◌ि	क	ज	◌ं	क	◌ो	म	◌ु	◌्	ख	व	◌ा
स	ण	र	ई	म	◌ं	च	◌्	◌ै	◌ा	प	र	◌ी	य	ब
क	उ	ट	आ	न	क	◌ा	य	ल	◌ा	व	◌ी	◌ु	थ	◌ी
आ	◌ै	ग	घ	ग	◌ा	प	◌्	ब	ण	◌ा	क	क	◌ं	य
प	ब	म	◌ा	फ	◌़	व	व	स	न	◌ा	◌ौ	द	ट	र
र	क	◌ा	र	◌्	प	◌ॅ	◌ा	स	र	ब	न	◌ू	◌ो	ड
ष	क	◌ो	द	◌्	ब	श	◌े	र	◌्	ह	ज	ब	क	◌ि
◌्	◌ा	ड	व	◌ी	म	त	◌ा	◌ु	स	◌्	स	ध	श	◌ा

स्वतंत्र
लैसो
नौकरी
माफ
कोट
व्यक्तिगत
गाँठ
आबादी
बीयर
आँखों
रंग
शब्दकोष
सपना
गुणा
जबकि
साँप
अंत
सूरजमुखी
प्रकार
इंच

Puzzle 98

न	ज	प	◌ी	प	◌्	◌ु	च	आ	र	◌्	क	ट	◌ि	क
◌ै	भ	◌ृ	◌्	र	व	त	य	त	◌ा	ए	◌ू	क	ट	र
न	◌ा	क	◌ा	र	त	◌्	य	◌ं	◌ं	स	म	ज	व	ह
◌ा	म	क	ल	◌्	त	◌ा	म	ष	◌्	क	ल	र	क	आ
आ	न	◌े	◌ो	स	क	◌ि	◌ो	श	◌्	◌्	न	प	A	◌ु
क	◌ो	व	ट	◌े	◌ी	ब	ब	च	न	◌्	क	◌ं	च	इ
व	म	ल	◌ा	◌ा	क	◌्	◌ा	◌ि	च	र	ख	प	द	छ
◌्	ड	ल	ज	◌ि	◌ं	म	◌ा	घ	◌ं	ड	ढ	ख	ह	ज
ग	ब	आ	म	◌ं	त	◌्	र	ण	ल	ब	त	◌ी	◌्	ज
ड	◌ु	ट	म	स	र	◌ी	◌ा	व	स	क	◌ि	E	य	ड
क	◌ा	ट	न	◌े	◌ा	◌ै	व	◌्	स	य	◌े	त	ह	◌ा
ब	◌ा	◌ा	म	म	ब	र	ल	◌ा	ल	ल	◌ा	र	आ	ह
व	फ	◌ा	द	◌ा	र	◌े	त	प	◌ौ	ध	◌ो	◌ं	थ	◌ं
◌ो	र	◌े	स	◌्	ट	◌ो	र	◌े	◌ं	ट	ज	त	द	र

लाल
आमंत्रण
सवारी
बाघ
क्षमता
वफादार
मंजिल
आर्कटिक
केला
काला
काटने
चुप्पी
संयंत्र
प्रतिबिंबित
तलवार
रेस्टोरेंट
पौधों
केवल
बार
सोने

Puzzle 99

ब	◌ु	ख	◌ा	र	◌ा	◌ो	ट	क	च	◌ा	◌ँ	द	ड	प
प	ज	झ	म	ल	त	न	व	◌ि	न	◌ि	य	म	न	◌ृ
म	म	च	◌ि	◌ि	◌़	◌ा	◌ा	र	ल	ल	त	य	न	थ
ब	त	◌्	◌़	◌ी	फ	ल	न	स	क	◌ु	क	न	◌्	◌्
◌े	◌े	ड	य	◌्	प	उ	ड	◌्	आ	श	स	◌ि	स	व
म	◌ी	ट	अ	ख	ब	◌ा	र	न	भ	◌्	◌ा	◌ि	र	◌ी
प	य	◌ि	◌े	ग	इ	ब	स	◌ा	◌े	◌ि	त	ध	◌्	◌ा
◌ृ	◌ा	◌़	◌े	त	◌ा	◌ी	उ	त	ज	◌ि	◌्	अ	प	◌ा
ज	◌े	फ	ध	◌े	◌़	प	ण	क	न	◌ा	क	◌े	च	व
◌्	◌ा	◌्	◌ी	व	स	◌्	ल	◌ा	◌े	◌ि	य	◌ि	◌्	◌ा
ब	ट	◌े	र	ब	प	प	ष	ब	◌्	म	छ	प	◌्	प
त	न	प	न	र	आ	उ	त	◌ि	◌्	क	श	क	ग	◌ि
न	◌्	न	ल	त	◌्	◌्	ध	◌ा	◌ा	ब	अ	न	◌ा	◌ो
ट	◌ा	ग	र	◌ा	र	अ	त	र	स	◌ी	ख	य	ह	र

बटेर
फ़िट
पृथ्वी
कटोरा
भेजने
अखबार
कुक
चाँद
पीड़ित
बाधा
बाउल
अधिनियम
बुखार
विनियमन
स्नातक
पता
बेटे
आकलन
प्रसन्न
शक्ति

Puzzle 100

ब	◌ि	ज	ल	◌ी	स	◌ी	च	अ	ई	क	ग	ह	◌ा	◌ा
ग	क	ग	त	◌्	◌ै	◌ु	ल	व	र	◌्	ग	◌ो	ल	प
◌ि	ह	र	प	◌ा	न	ध	◌ा	◌ा	म	स	त	न	त	ज
ढ	अ	◌ि	ल	र	◌ॅ	ल	◌ी	क	◌ी	◌ा	क	◌े	म	◌ा
◌्	च	अ	म	◌े	र	◌ि	क	◌ी	र	प	◌ा	◌ा	ल	◌ी
श	◌ु	क	◌्	र	व	◌ा	र	ब	ह	◌्	◌ो	द	य	क
◌ै	ढ	◌ी	प	ट	न	क	र	◌ं	ग	भ	◌ा	र	◌्	प
◌ा	म	न	◌े	◌़	ढ	प	◌े	द	◌ु	श	त	र	ड	प
◌ा	◌ं	क	च	◌ा	◌ु	◌ू	त	◌ू	व	ख	◌ा	ल	◌ी	द
◌ं	◌ि	त	न	म	व	क	च	क	◌ि	म	◌ा	◌्	◌ि	ब
म	◌ा	न	◌ा	ल	क	न	◌ि	◌े	क	र	छ	◌ू	◌्	◌्
◌ा	ह	ञ	◌ु	र	र	द	◌ि	क	ल	◌्	स	◌ो	स	श
◌्	क	प	र	ध	र	न	◌ा	ध	◌्	ब	ल	प	उ	प
ब	य	स	ह	ग	◌ा	प	न	र	प	◌्	ज	ज	फ	उ

शुक्रवार
बिजली
पीला
चला
चिप्स
गहरी
विकल्प
वर्ग
होने
बंदूक

पढ़ने
तकनीक
प्रभाग
समाधान
उपलब्ध
माना
अमेरिकी
खाली
चमकदार
छाता

Puzzle 1

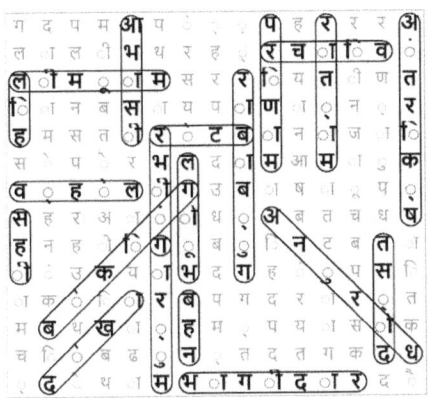

Puzzle 2

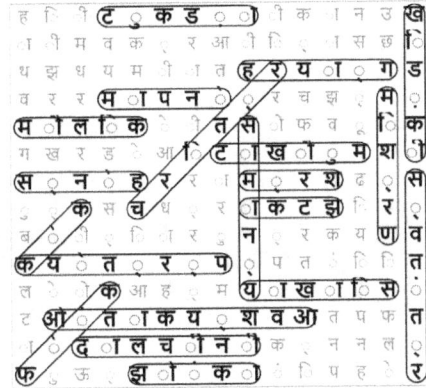

Puzzle 3

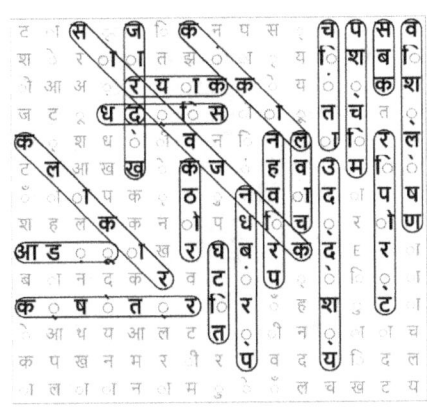

Puzzle 4

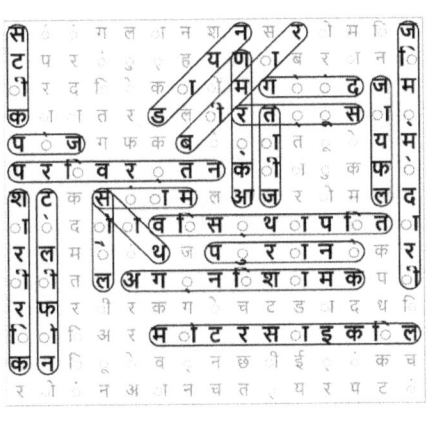

Puzzle 5

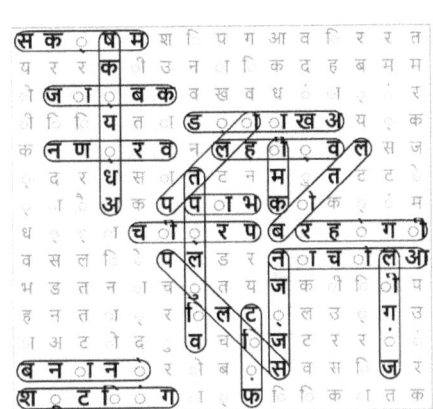

Puzzle 6

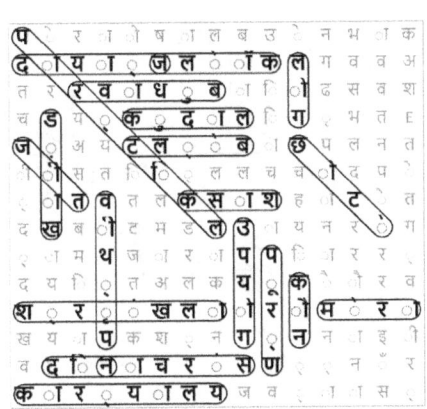

Puzzle 7

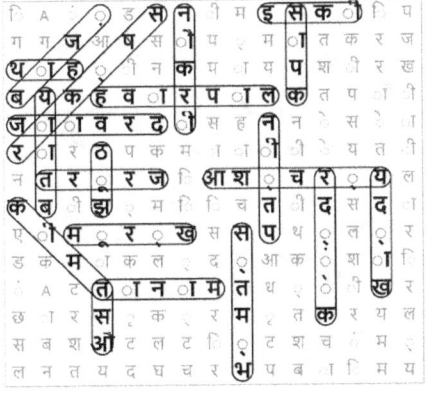

Puzzle 8

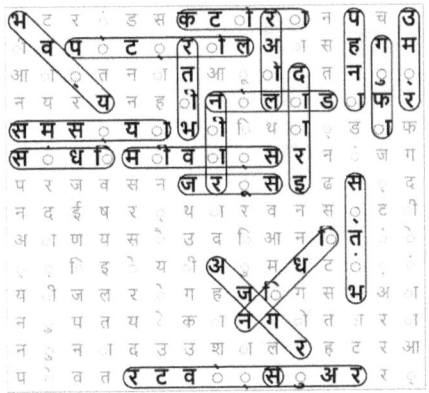

Puzzle 9

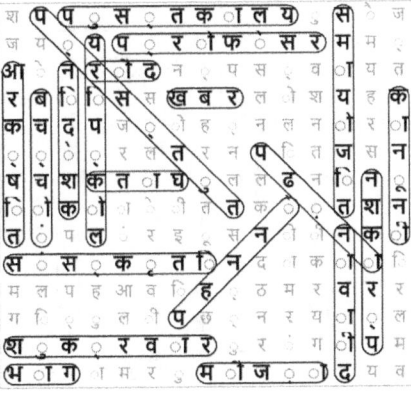

Puzzle 10

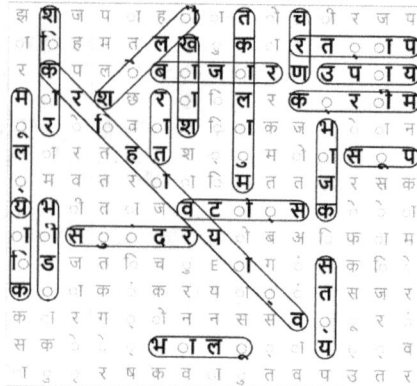

Puzzle 11

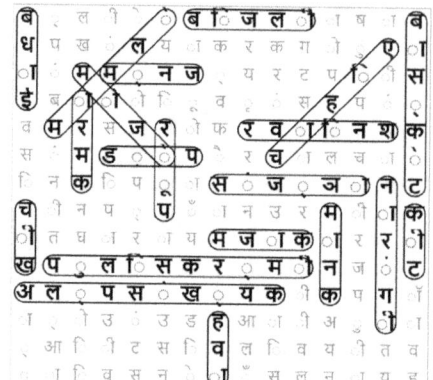

Puzzle 12

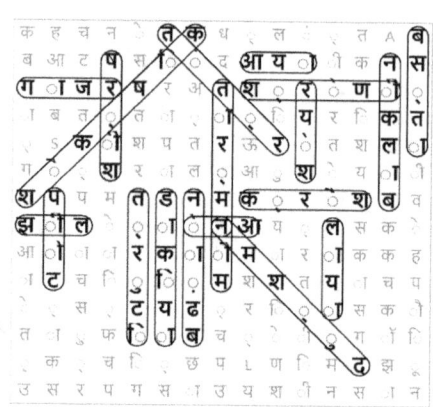

Puzzle 13

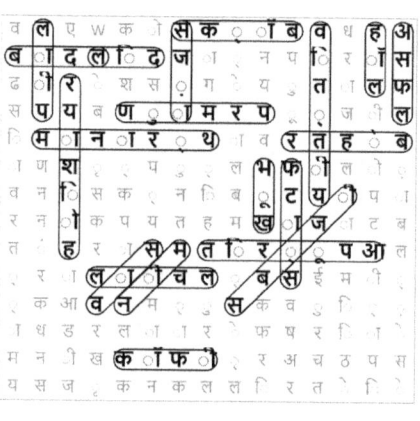

Puzzle 14

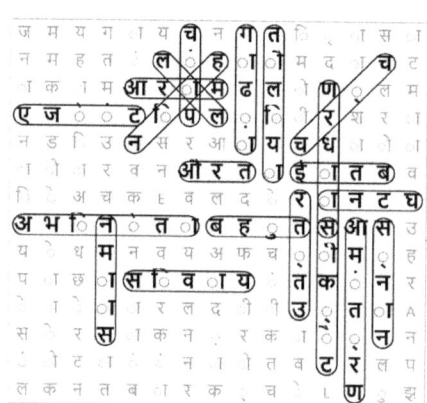

Puzzle 15

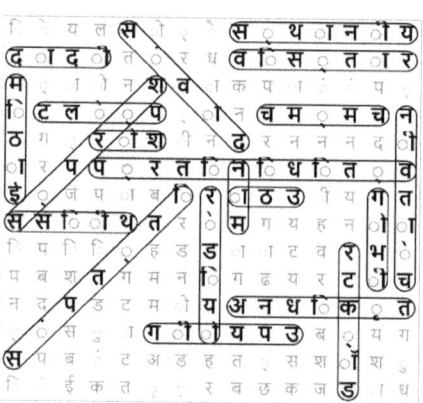

Puzzle 16

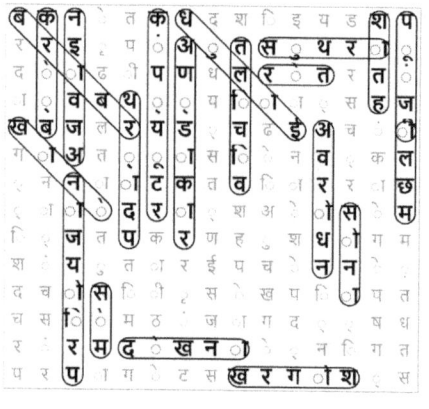

Puzzle 17

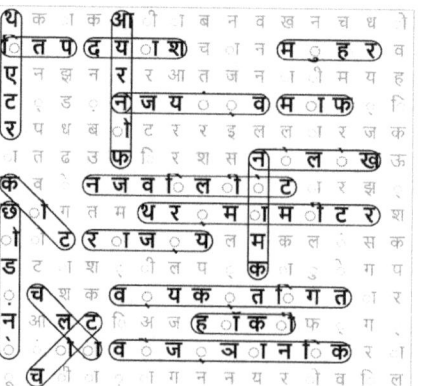

Puzzle 18

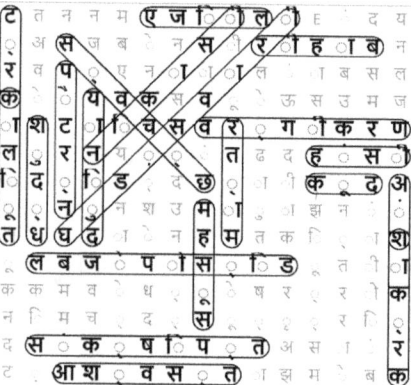

Puzzle 19

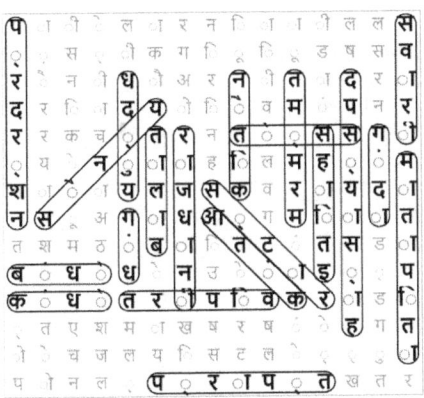

Puzzle 20

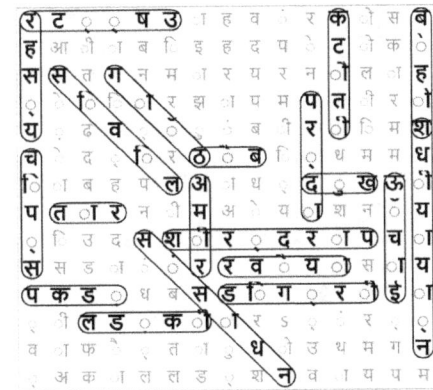

Puzzle 21

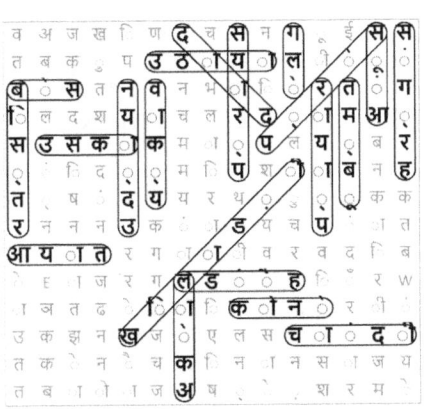

Puzzle 22

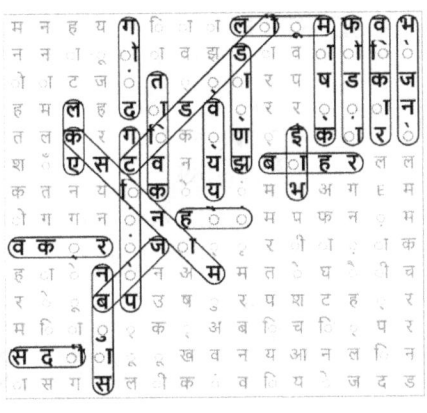

Puzzle 23

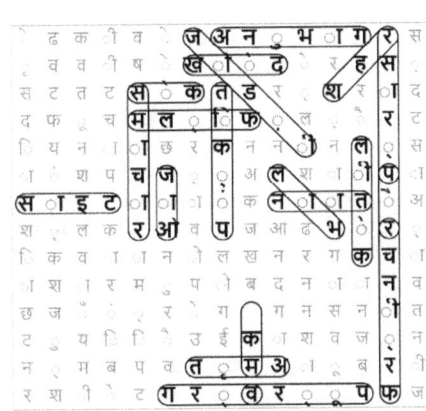

Puzzle 24

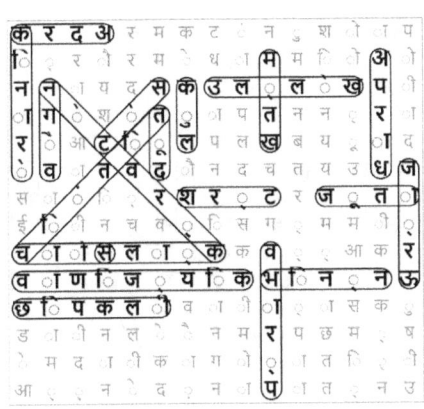

Puzzle 25

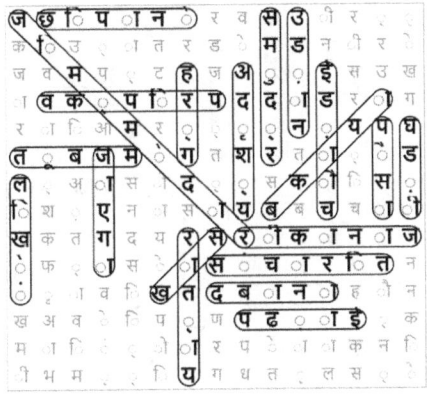

Puzzle 26

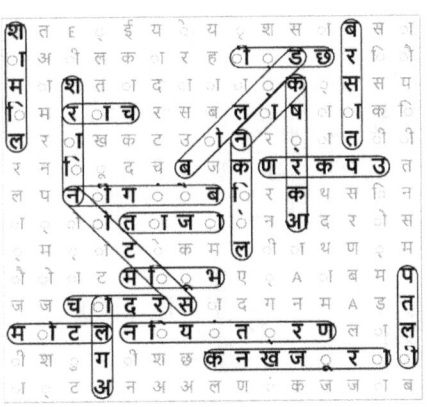

Puzzle 27

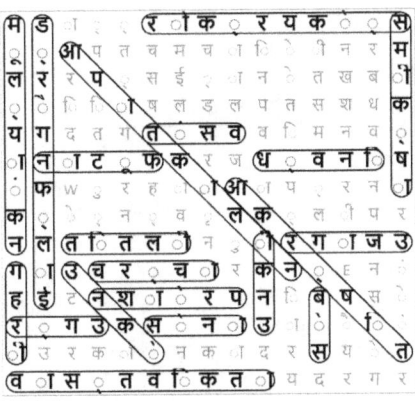

Puzzle 28

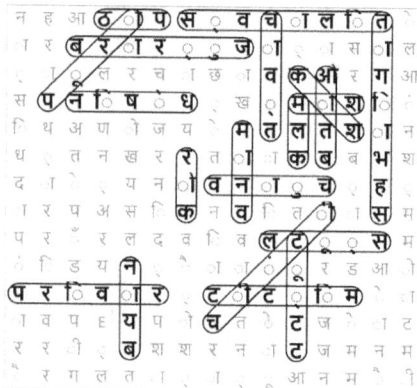

Puzzle 29

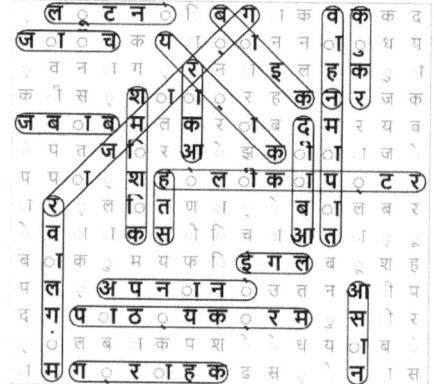

Puzzle 30

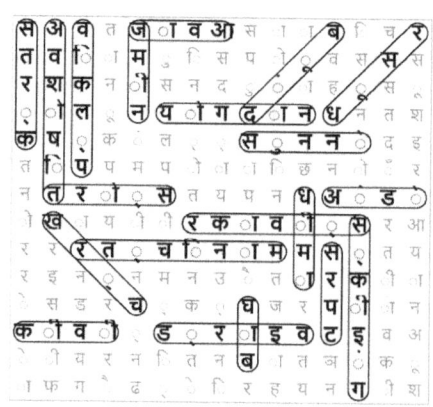

Puzzle 31

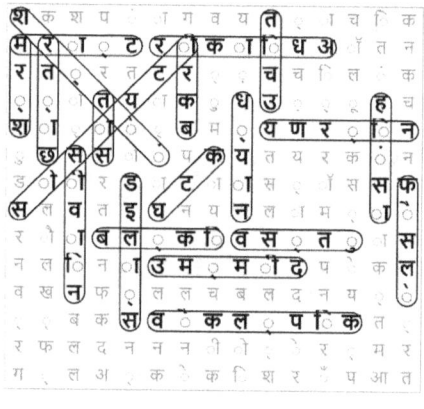

Puzzle 32

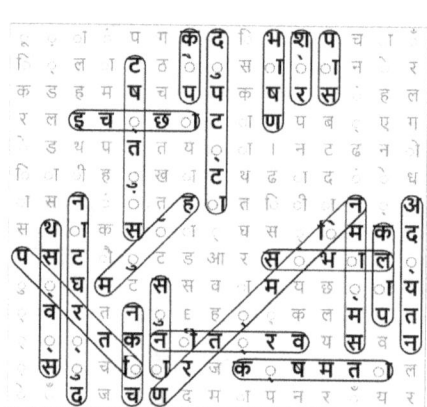

Puzzle 33

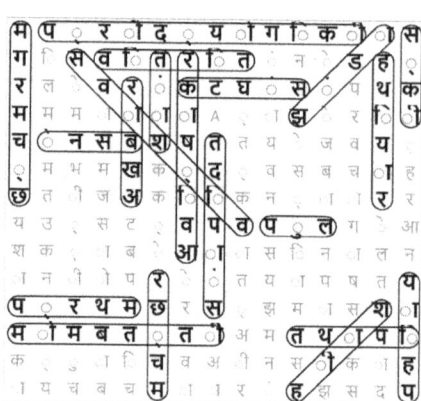

Puzzle 34

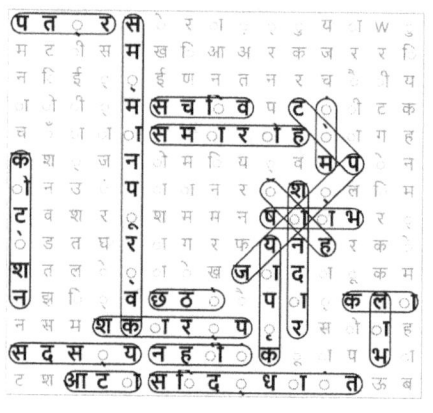

Puzzle 35

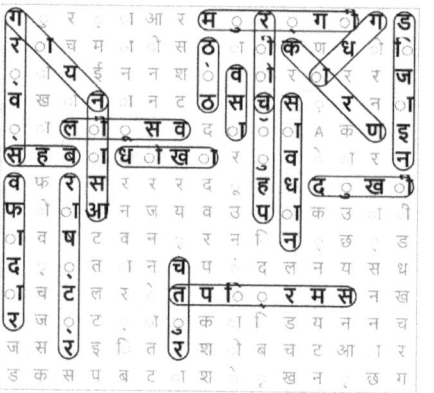

Puzzle 36

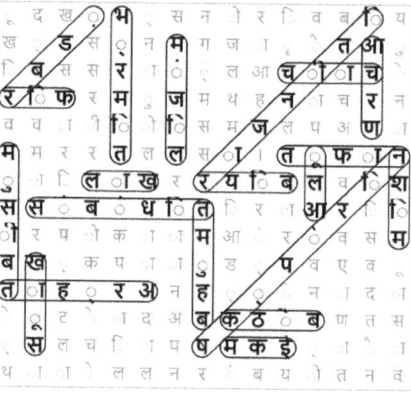

Puzzle 37

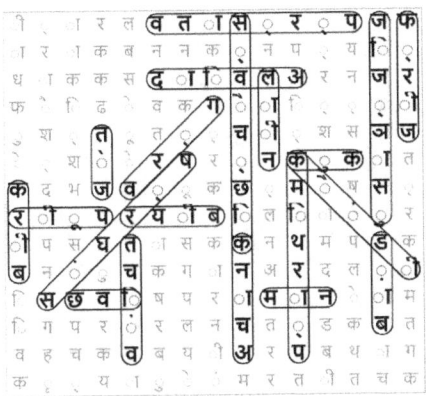

Puzzle 38

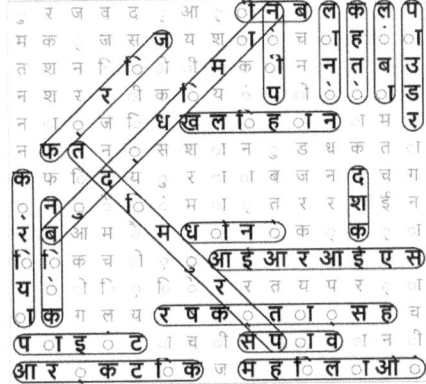

Puzzle 39

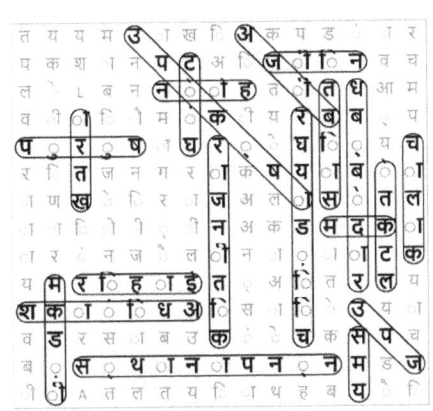

Puzzle 40

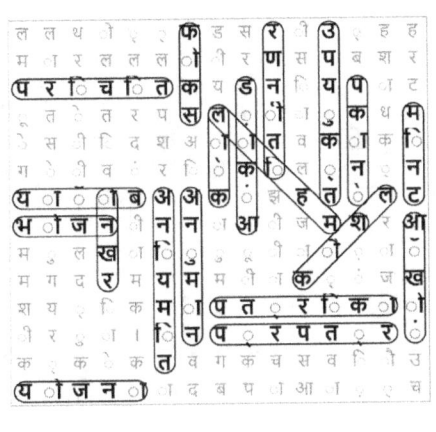

Puzzle 41

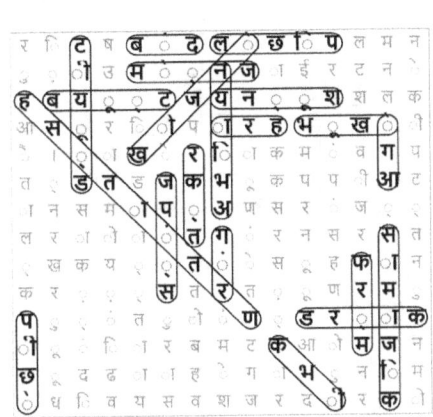

Puzzle 42

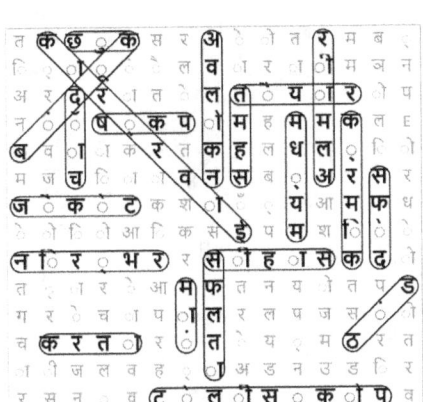

Puzzle 43

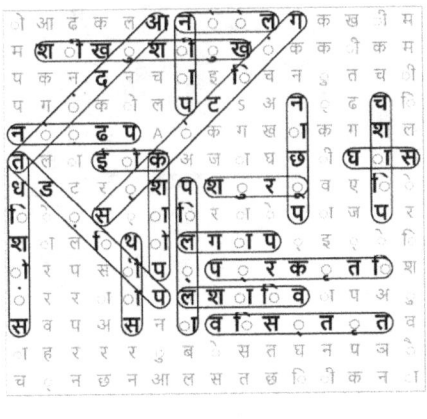

Puzzle 44

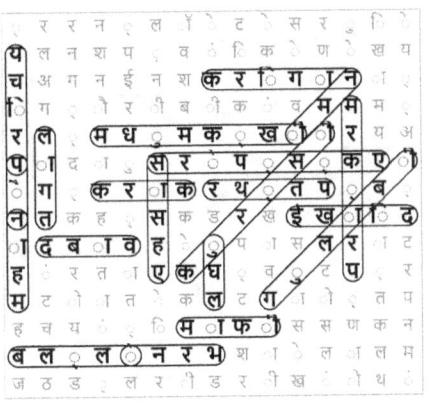

Puzzle 45

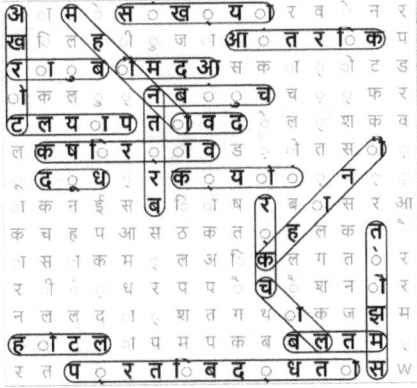

Puzzle 46

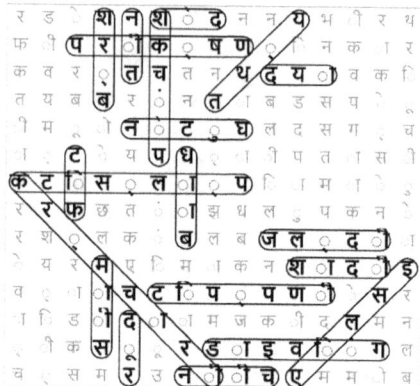

Puzzle 47

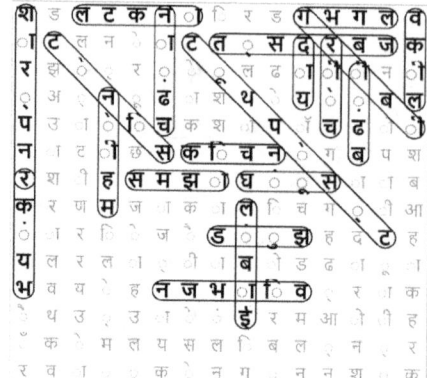

Puzzle 48

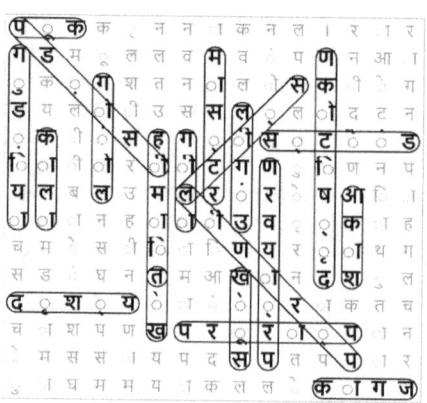

Puzzle 49

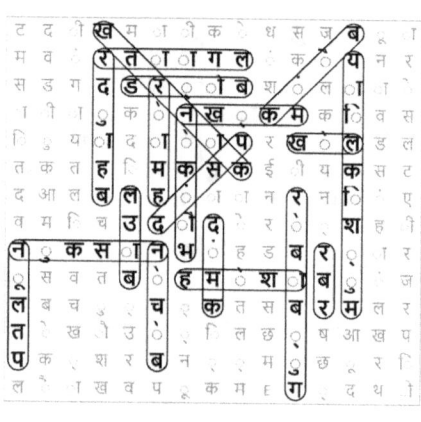

Puzzle 50

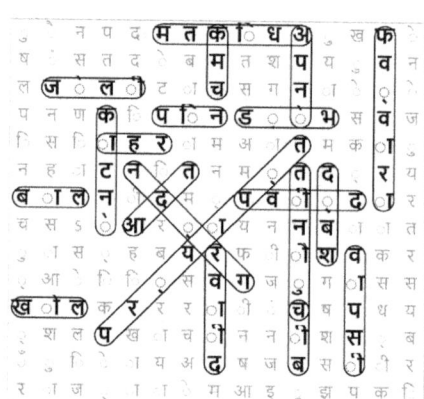

Puzzle 51

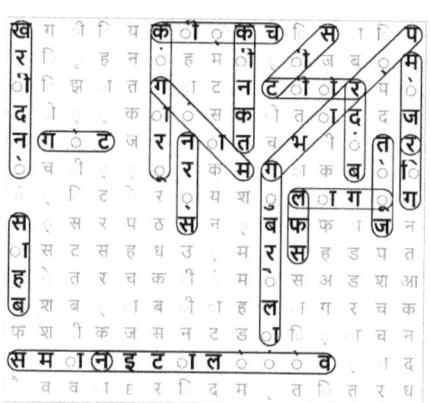

Puzzle 52

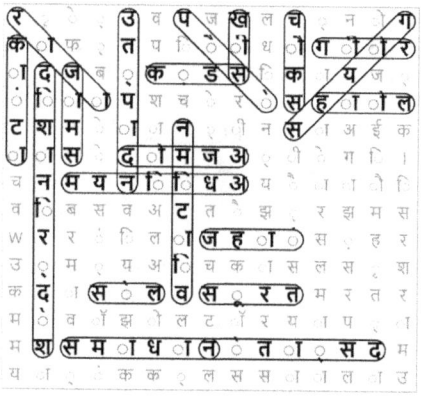

Puzzle 53

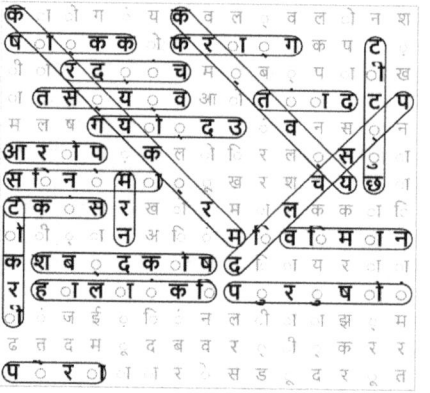

Puzzle 54

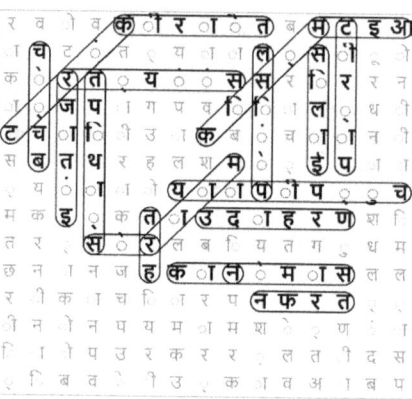

Puzzle 55

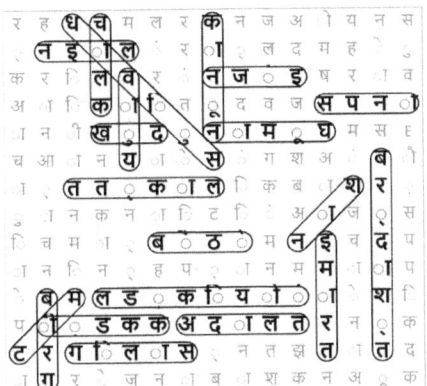

Puzzle 56

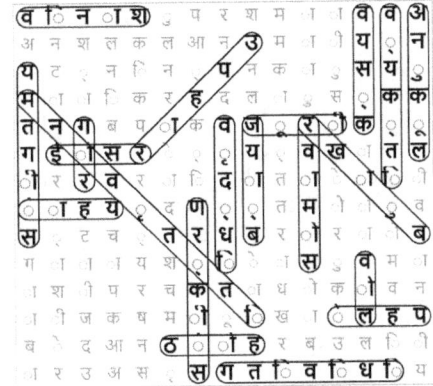

Puzzle 57

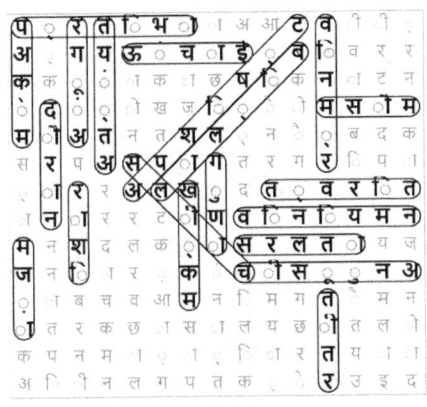

Puzzle 58

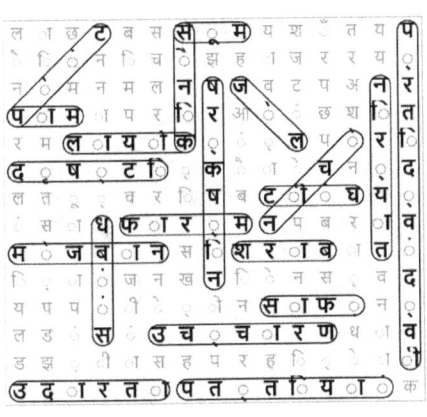

Puzzle 59

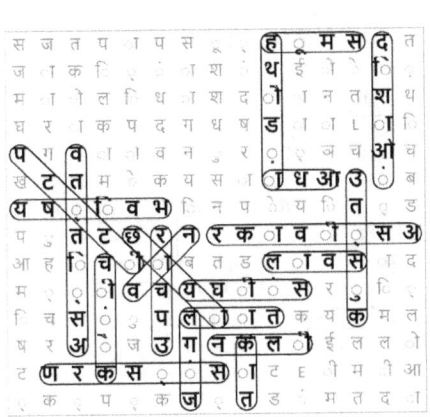

Puzzle 60

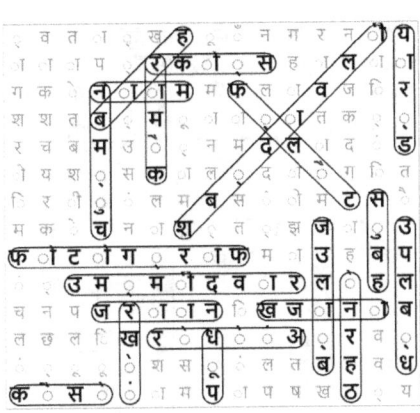

Puzzle 61

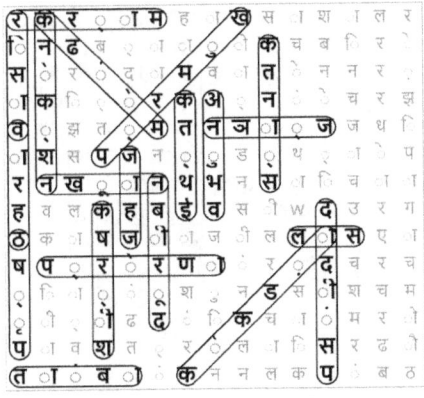

Puzzle 62

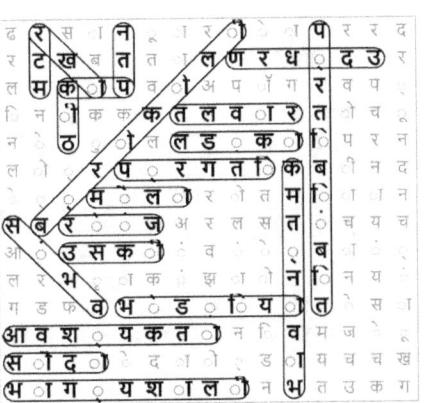

Puzzle 63

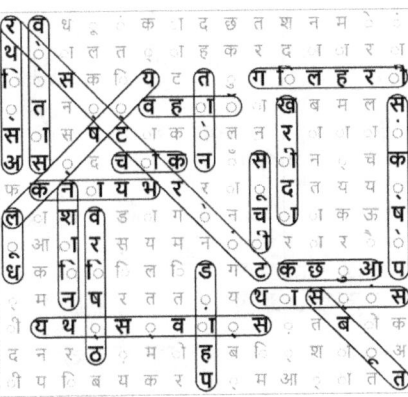

Puzzle 64

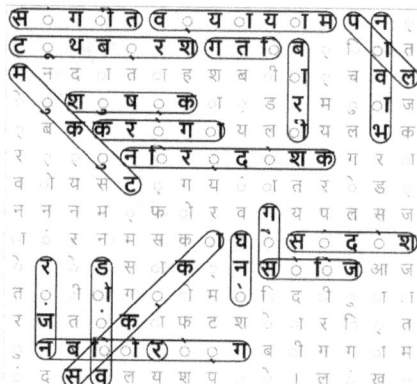

Puzzle 65

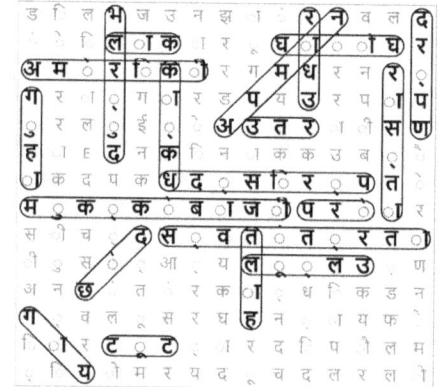

Puzzle 66

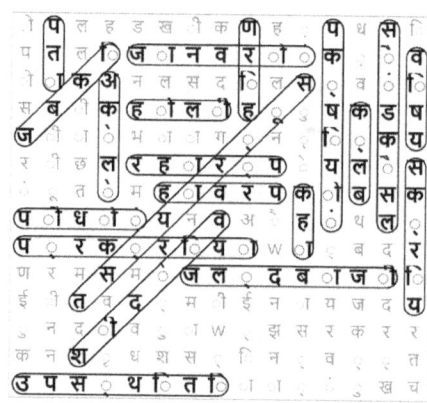

Puzzle 67

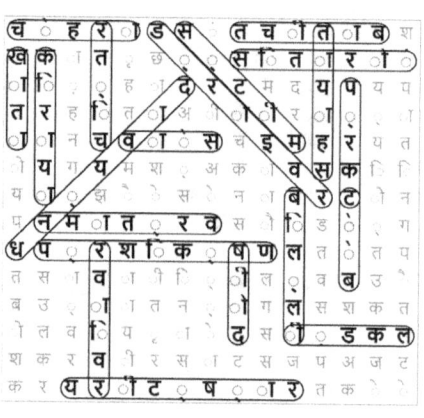

Puzzle 68

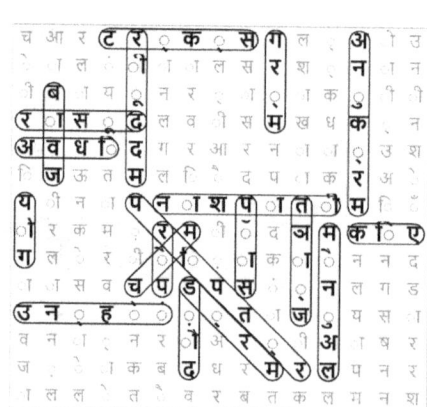

Puzzle 69

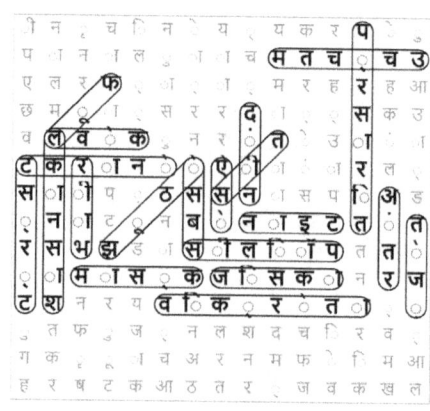

Puzzle 70

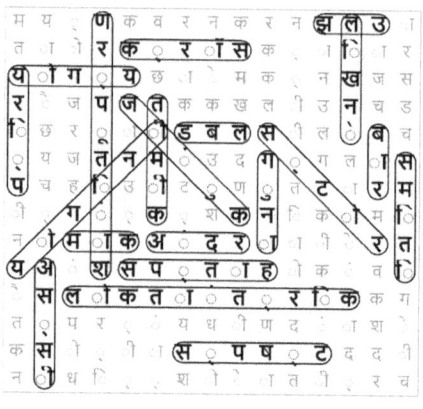

Puzzle 71

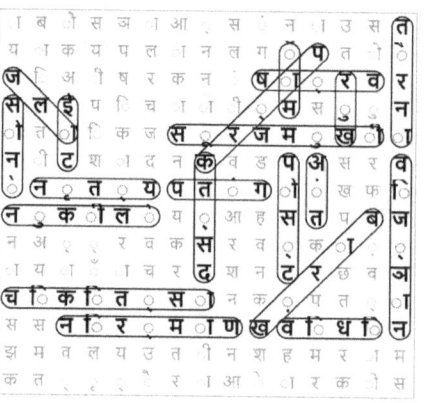

Puzzle 72

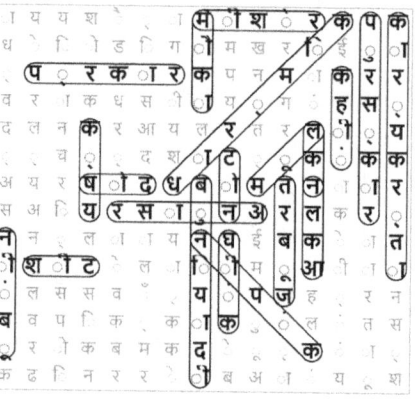

Puzzle 73

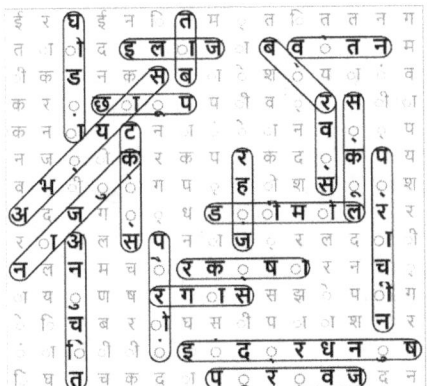

Puzzle 74

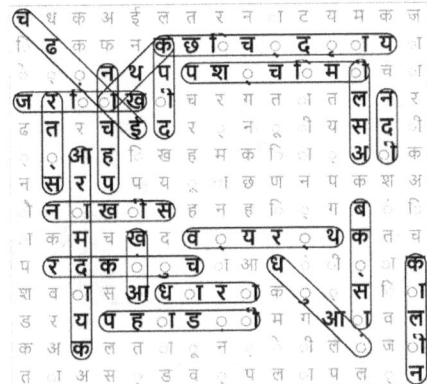

Puzzle 75

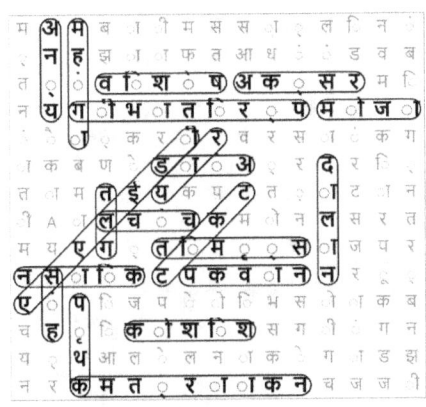

Puzzle 76

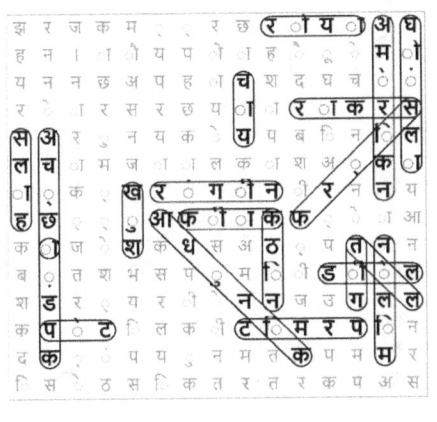

Puzzle 77

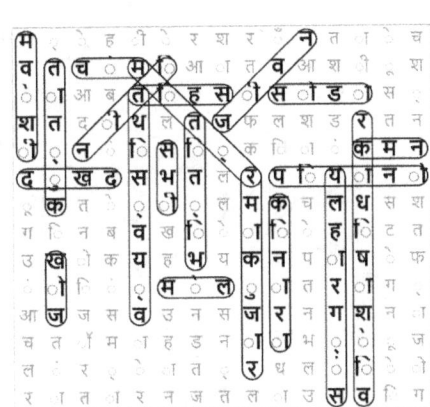

Puzzle 78

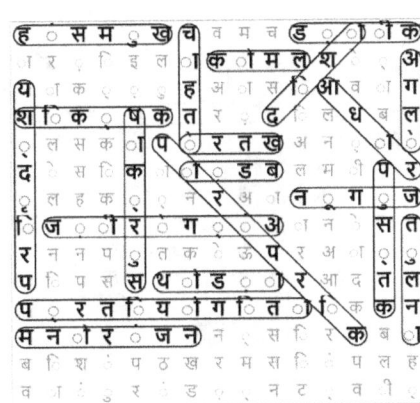

Puzzle 79

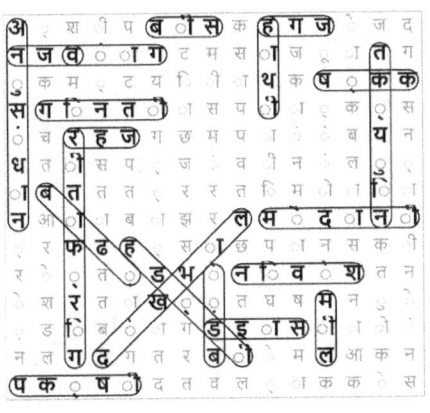

Puzzle 80

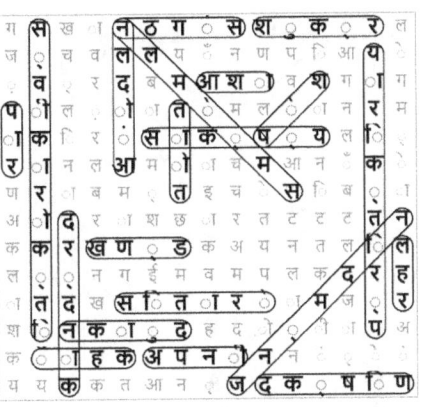

Puzzle 81

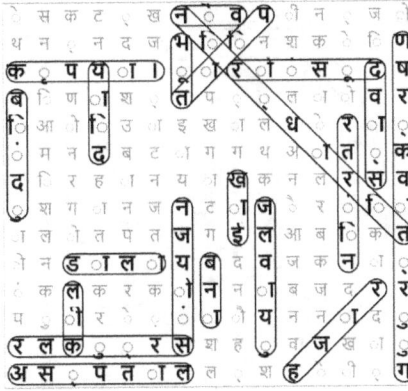

Puzzle 82

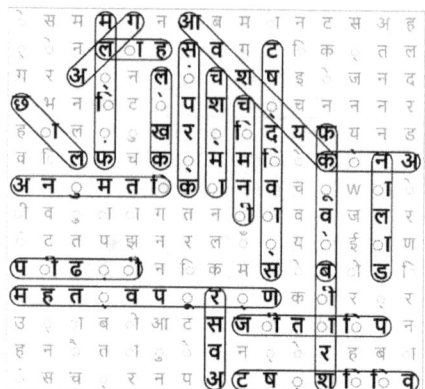

Puzzle 83

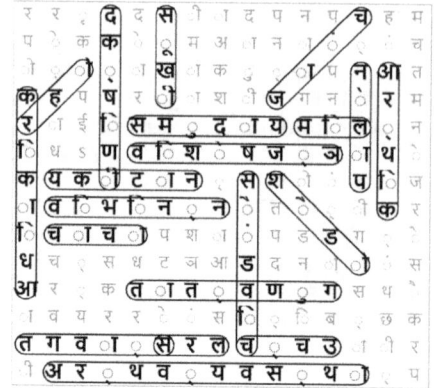

Puzzle 84

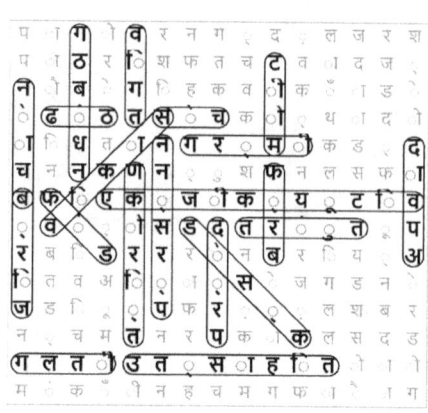

Puzzle 85

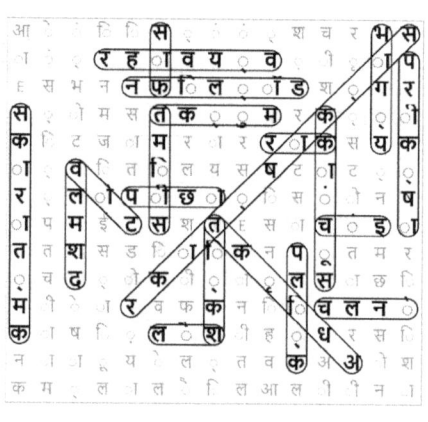

Puzzle 86

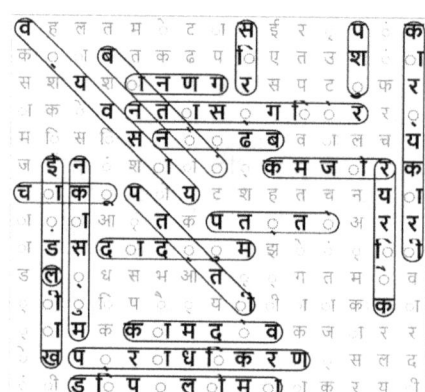

Puzzle 87

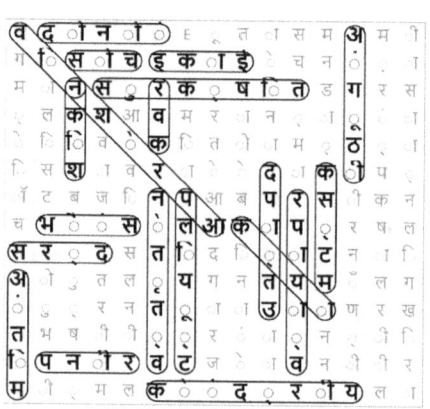

Puzzle 88

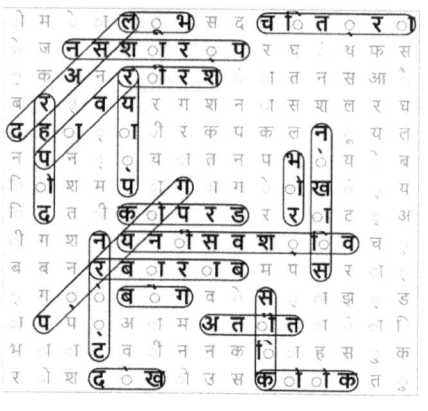

Puzzle 89

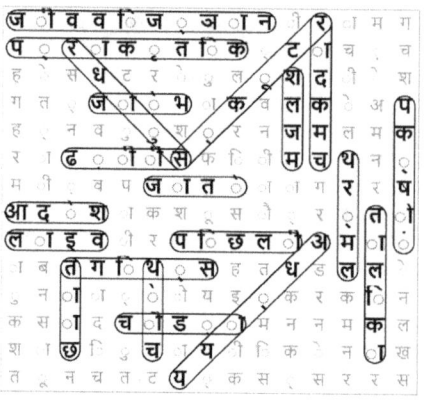

Puzzle 90

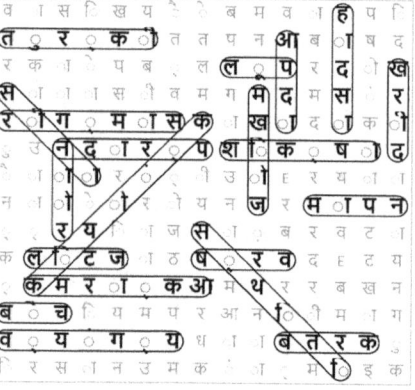

Puzzle 91

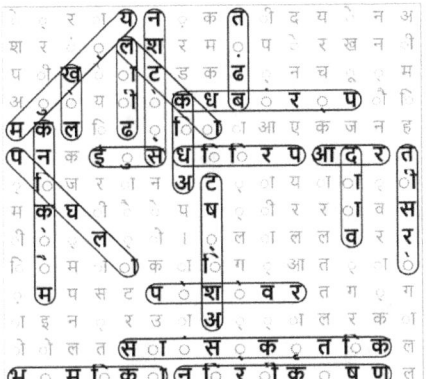

Puzzle 92

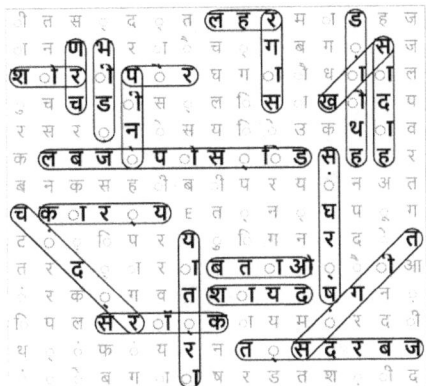

Puzzle 93

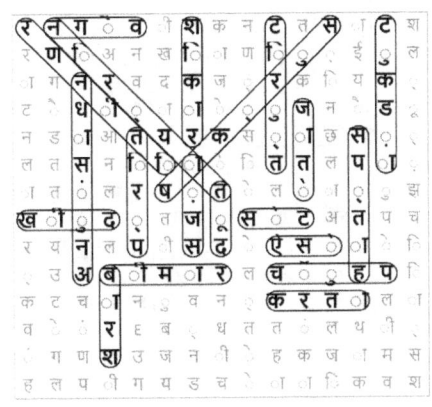

Puzzle 94

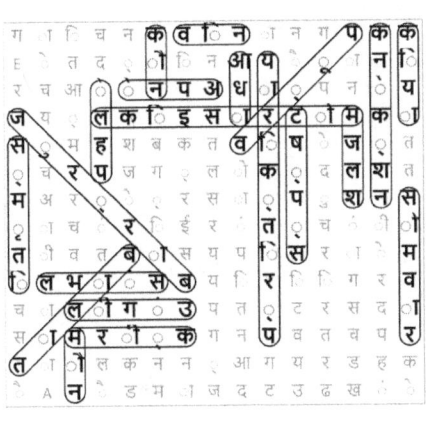

Puzzle 95

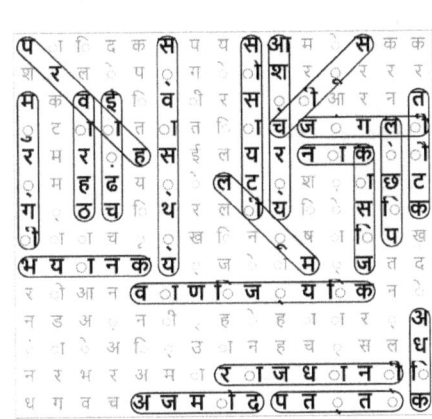

Puzzle 96

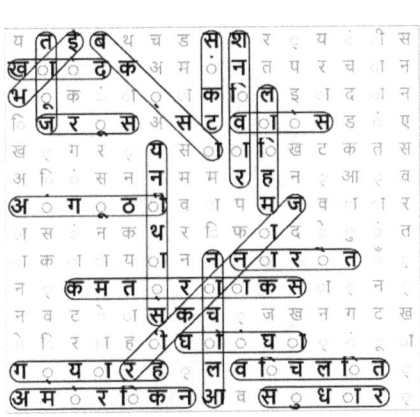

Puzzle 97

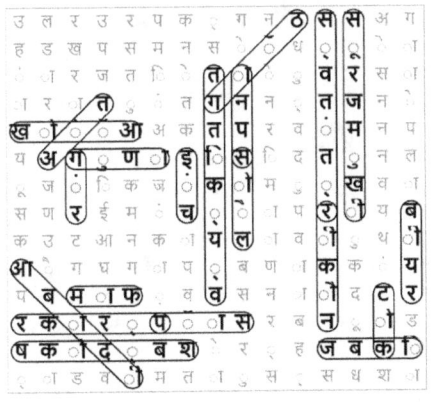

Puzzle 98

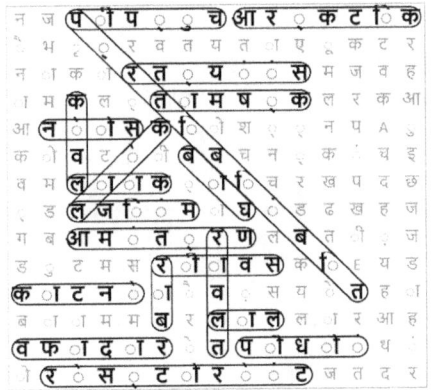

Puzzle 99

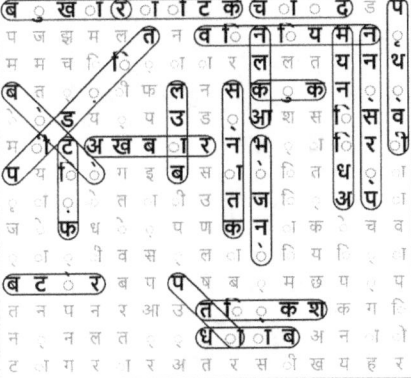

Puzzle 100

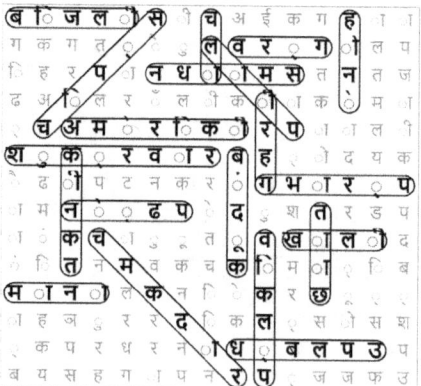

Congratulations

You made it!

We hope you enjoyed this book as much as we enjoyed making it. We do our best to make high quality games.

These puzzles are designed in a clever way to actively spark the brain and make it sharp and quick!
Did you love them?

A Simple Request

Our books exist thanks to the reviews you post on Amazon. Could you help us by leaving a review now?

Here is a short link which will take you to your Amazon orders review page.

BestBooksActivity.com/Review50

MONSTER CHALLENGE!

Challenge #1

Ready for Your Bonus Game? We use them all the time but they are not so easy to find. Here are **Synonyms**!

Note 5 words you discovered in each of the Puzzles noted below (#21, #36, #76) and try to find 2 synonyms for each word.

Note 5 Words from *Puzzle 21*

Words	Synonym 1	Synonym 2

Note 5 Words from *Puzzle 36*

Words	Synonym 1	Synonym 2

Note 5 Words from *Puzzle 76*

Words	Synonym 1	Synonym 2

Challenge #2

Now that you are warmed-up, note 5 words you discovered in each Puzzle noted below (#9, #17, #25) and try to find 2 antonyms for each word. How many lines can you do in 20 minutes?

Note 5 Words from **Puzzle 9**

Words	Antonym 1	Antonym 2

Note 5 Words from **Puzzle 17**

Words	Antonym 1	Antonym 2

Note 5 Words from **Puzzle 25**

Words	Antonym 1	Antonym 2

Challenge #3

Wonderful, this monster challenge is nothing to you!

Ready for the last one? Choose your 10 favorite words discovered in any of the Puzzles and note them below.

1.	6.
2.	7.
3.	8.
4.	9.
5.	10.

Now, using these words and within a maximum of six sentences, your challenge is to compose a text about a person, animal or place that you love!

Tip: You can use the last blank page of this book as a draft!

Your Writing:

Explore a Unique Store
Set Up **FOR YOU!**

MEGA DEALS

BestActivityBooks.com/**TheStore**

Designed for **Entertainment**!

Light Up Your Brain With Unique **Gift Ideas**.

Access **Surprising** And **Essential Supplies**!

CHECK OUT OUR MONTHLY SELECTION NOW!

- Expertly Crafted Products -

NOTEBOOK:

SEE YOU SOON!

Delta Classics Team

BESTACTIVITYBOOKS.COM/FREEGAMES